Handleiding Schrijven leer je zo!

Handleiding Schrijven leer je zo!

Henk Schweitzer

Bohn Stafleu van Loghum, Houten

ISBN 978-90-368-1391-4

© 2016 Bohn Stafleu van Loghum, onderdeel van Springer Media BV

Eindredactie tweede druk: Lidwien van Loon, Amsterdam
Omslagontwerp en basisontwerp binnenwerk: Mariël Lam, 's-Hertogenbosch
Illustraties: Marcel Jurriëns, Tilburg; Dian Klanderman, Moergestel
Fotografie: Hans van der Mast, Beverwijk, Mariël Lam, 's-Hertogenbosch

Alle rechten voorbehouden. Niets uit deze uitgave mag worden verveelvoudigd, opgeslagen in een geautomatiseerd gegevensbestand, of openbaar gemaakt, in enige vorm of op enige wijze, hetzij elektronisch, mechanisch, door fotokopieën of opnamen, hetzij op enige andere manier, zonder voorafgaande schriftelijke toestemming van de uitgever.
Voor zover het maken van kopieën uit deze uitgave is toegestaan op grond van artikel 16b Auteurswet j° het Besluit van 20 juni 1974, Stb. 351, zoals gewijzigd bij het Besluit van 23 augustus 1985, Stb. 471 en artikel 17 Auteurswet, dient men de daarvoor wettelijk verschuldigde vergoedingen te voldoen aan de Stichting Reprorecht (Postbus 3060, 2130 KB Hoofddorp). Voor het overnemen van (een) gedeelte(n) uit deze uitgave in bloemlezingen, readers en andere compilatiewerken (artikel 16 Auteurswet) dient men zich tot de uitgever te wenden.
Samensteller(s) en uitgever zijn zich volledig bewust van hun taak een betrouwbare uitgave te verzorgen. Niettemin kunnen zij geen aansprakelijkheid aanvaarden voor drukfouten en andere onjuistheden die eventueel in deze uitgave voorkomen.

NUR 194
Eerste druk 2002
Tweede herziene druk 2006
Derde herziene druk 2011
Derde druk, tweede oplage 2014
Vierde (ongewijzigde) druk Bohn Stafleu van Loghum, Houten 2016

Bohn Stafleu van Loghum
Het Spoor 2
Postbus 246
3990 GA Houten
www.bsl.nl

Inhoud

Voorwoord bij de derde en vierde druk		**11**
1 Verantwoording		**15**
1.1	Schrijven is bewegen	16
1.2	Voorbereidend schrijven	17
1.3	Talig schrijfonderwijs	18
1.4	Kiezen voor het blokschrift	19
	1.4.1 Herkenbaarheid	20
	1.4.2 Taalzwakke kinderen	21
	1.4.3 Dyslexie	21
1.5	Oorzaken van schrijfproblemen	22
	1.5.1 Probleemanalyse	22
	1.5.2 Inzicht in motorische ontwikkeling	22
1.6	Problemen signaleren	23
1.7	Voordelen van het blokschrift	23
	1.7.1 Leesbaar	24
	1.7.2 Betekenisvol	24
	1.7.3 Aansluitend op belevingswereld	24
	1.7.4 Efficiënt	25
1.8	Oorsprong van de methode	26
2 De methode		**29**
2.1	Algemeen	29
	2.1.1 Structuur	29
	2.1.2 Differentiatie	30
2.2	Didactische benadering	30
	2.2.1 Evaluatie en reflectie	31
	2.2.2 Positieve benadering	31
2.3	Motorische principes	31
	2.3.1 Zithouding	32
	2.3.2 Bewegingstussendoortjes	32
	2.3.3 Verkeerslichtletters	33
	2.3.4 Schrijfspel	34
	2.3.5 Liniatuur	36
3 Opbouw van de methode		**39**
3.1	Doelen en domeinen	39
3.2	Leerdoelen per groep	40
	3.2.1 Groep 1 en 2	40
	3.2.2 Groep 3	40
	3.2.3 Groep 4	40
	3.2.4 Groep 5	41
	3.2.5 Groep 6	41
	3.2.6 Groep 7	41
	3.2.7 Groep 8	41

3.3	Leermiddelen per groep – Schrijven leer je zo!	41
	3.3.1 Groep 1 en 2	42
	3.3.2 Groep 3	42
	3.3.3 Groep 4	42
	3.3.4 Groep 5	43
	3.3.5 Groep 6	43
	3.3.6 Groep 7	43
	3.3.7 Groep 8	43
3.4	Leermiddelen per groep – Schrijven leer je zo! Plus	44
	3.4.1 Groep 1 en 2	43
	3.4.2 Groep 3 Plus	44
	3.4.3 Groep 4 Plus	44
	3.4.4 Groep 5	45
	3.4.5 Groep 6	45
	3.4.6 Groep 7	45
	3.4.7 Groep 8	45

4 Schrijven in groep 3 — 47

4.1	Leerdoelen en leermiddelen	47
	4.1.1 Leerdoelen	47
	4.1.2 Leermiddelen	47
4.2	Handleiding Schrijven leer je zo!	48
4.3	Cd-rom Schrijven leer je zo!	48
4.4	Cd-rom leerlingvolgsysteem SLJZ!	48
4.5	Zo schrijf ik! Portfolioschrift SLJZ!	49
4.6	Algemene informatie over Schrijfschriften 3A, 3B en 3C	50
	4.6.1 Verkeerslichtletter	50
	4.6.2 Schrijfspel	50
	4.6.3 Bewegingstussendoortje	52
	4.6.4 Zithouding met kijkpunten	52
	4.6.5 Kleurenrasters	52
	4.6.6 Vier lijnen	52
4.7	Schrijfschrift 3A	53
4.8	Schrijfschrift 3B	53
4.9	Schrijfschrift 3C	54
4.10	Blanco rasterschrift 3	54
4.11	Blanco lijnenschrift 3	55
4.12	Scheurblok schrijfspel 3	55
4.13	Letter- en cijferkaart 3	55
4.14	*Schrijfkriebels*	56
4.15	Doebord met magnetische letters	57
4.16	Kwinto stereobord	57
4.17	Kwinto motokist	58
4.18	Programma, map en materialen uit Verder met schrijven	58

5 Schrijven in groep 3 Plus — 59
- 5.1 Leerdoelen en leermiddelen — 59
  - 5.1.1 Leerdoelen — 59
  - 5.1.2 Leermiddelen — 59
- 5.2 Opbouw Werkbladen 3 — 60
  - 5.2.1 Woordweb – blad 1 — 60
  - 5.2.2 Letterblad met verkeerslichtletter – blad 2 — 61
  - 5.2.3 Schrijfspel – blad 3 — 61
  - 5.2.4 Zithouding met kijkpunten – blad 4 — 63
  - 5.2.5 Oefenblad - blad 5 — 63
  - 5.2.6 Herhaling zithouding en bewegingstussendoortje — 64
- 5.3 Handleiding Schrijven leer je zo! — 64
- 5.4 Cd-rom Schrijven leer je zo! — 64
- 5.5 Cd-rom leerlingvolgsysteem SLJZ! — 65
- 5.6 Zo schrijf ik! Portfolioschrift SLJZ! — 66
- 5.7 Letter- en cijferkaart 3 — 66
- 5.8 Bewaarmap (blauw) — 67
- 5.9 Werkmap (oranje) — 67
- 5.10 Scheurblok schrijfspel 3 — 67
- 5.11 Blanco rasterscheurblok 3 — 68
- 5.12 Schrijfschrift Plus — 68
- 5.13 *Schrijfkriebels* — 69
- 5.14 Doebord met magnetische letters — 69
- 5.15 Kwinto stereobord — 70
- 5.16 Kwinto motokist — 70
- 5.17 Programma, map en materialen uit *Verder met schrijven* — 71

6 Schrijven in groep 4 — 73
- 6.1 Leerdoelen en leermiddelen — 73
  - 6.1.1 Leerdoelen — 73
  - 6.1.2 Leermiddelen — 73
- 6.2 Schrijfschriften — 73
- 6.3 Schrijfschrift 4A — 74
  - 6.3.1 De linkerpagina — 74
  - 6.3.2 De rechterpagina — 74
- 6.4 Schrijfschrift 4B — 75
  - 6.4.1 De linkerpagina — 75
  - 6.4.2 De rechterpagina — 75
- 6.5 Blanco lijnenschrift 4 — 76
- 6.6 Letterkaart 4 — 76

7 Schrijven in groep 4 Plus — 79
- 7.1 Leerdoelen en leermiddelen — 79
  - 7.1.1 Leerdoelen — 79
  - 7.1.2 Leermiddelen — 79

7.2	Werkbladen 4	79
	7.2.1 Opbouw per aangeboden hoofdletter	79
7.3	Bewaarmap	80
7.4	Werkmap	80
7.5	Schrijfschrift 4B	81
	7.5.1 De linkerpagina	81
	7.5.2 De rechterpagina	81
7.6	Letterkaart 4	82
7.7	Blanco rasterscheurblok 3	82
7.8	Scheurblok schrijfspel 3	83
7.9	*Schrijfkriebels*	83

8 Schrijven in groep 5 — 85

8.1	Leerdoelen en leermiddelen	85
	8.1.1 Leerdoelen	85
	8.1.2 Leermiddelen	85
8.2	Schrijfschriften 5A en 5B	85
	8.2.1 De linkerpagina	86
	8.2.2 De rechterpagina	86
	8.2.3 De toetsbladen	87
8.3	Blanco lijnenschrift 5	87

9 Schrijven in groep 6 — 89

9.1	Leerdoelen en leermiddelen	89
	9.1.1 Leerdoelen	89
	9.1.2 Leermiddelen	89
9.2	Schrijfschriften 6A en 6B	89
	9.2.1 De linkerpagina	90
	9.2.2 De rechterpagina	90
	9.2.3 De toetsbladen	91

10 Groep 7 en groep 8 — 93

10.1	Leerdoelen en leermiddelen	93
	10.1.1 Leerdoelen	93
	10.1.2 Leermiddelen	93
10.2	Persoonlijke ontwikkeling	93
10.3	Schrijfmix 7 en 8	94
	10.3.1 Betekenisvol en uitdagend	94
	10.3.2 Gebruik in de klas	95

11 Schrijven met behulp van de computer — 97

11.1	Cd-rom	97
11.2	De mogelijkheden van het programma kort samengevat	97
11.3	Schrijfvoorbeelden	98
11.4	Werkbladen en vrije teksten	99
11.5	De letters ij en Y	99

11.6	Afdrukken van aangepaste woordkaartjes	99
11.7	Het letterspel	99
11.8	Bewegingstussendoortjes	99
11.9	De schrijfhouding	100
11.10	Het lettertype in andere programma's gebruiken	100

12 Tips 101

13 Bewegingstussendoortjes 105

14 Bronnen en literatuur 107

Mijn vader met kroontjespen in 1931. Tijden veranderen!

Voorwoord bij de derde en vierde druk

Leren schrijven is voor kinderen een grote uitdaging die veel inspanning vraagt. Daarom is het belangrijk dat kinderen de juiste motivatie vinden om met plezier te leren schrijven. Een goede start van dit leerproces is van groot belang. Het toekomstige schrijfgedrag van kinderen zal positief beïnvloed worden wanneer er op de juiste wijze wordt aangesloten op de mogelijkheden en vaardigheden van kinderen van een bepaalde leeftijd. Ook zal er tijdens de lessen veel aandacht moeten zijn voor afwisseling en ontspanning. Dit zal bijdragen aan het schrijfplezier van de kinderen.
Onze nieuwe producten ontstaan in nauwe samenwerking met deskundigen die ons op de hoogte brengen van de nieuwste ontwikkelingen in het onderwijs. In 2011 zijn alle scholen in Nederland verplicht om passend onderwijs te bieden. Dat wil zeggen dat de school verplicht is om het leerstofaanbod aan te passen aan de onderwijsbehoefte van de individuele leerling. Als eerste schrijfmethode ontwikkelden wij producten die geïnspireerd zijn op deze nieuwe ontwikkeling in het onderwijs. Met het nieuwe leerlingvolgsysteem en het aanbod van twee aparte leerlijnen (*Schrijven leer je zo!* en *Schrijven leer je zo! Plus*) zullen leerkrachten voldoende toegerust zijn voor het lesgeven aan leerlingen met specifieke onderwijsbehoeften. Alle kinderen krijgen zo de zorg die ze verdienen. Wij wensen u en de kinderen nog heel veel schrijfplezier toe.

Voorwoord bij de tweede druk

'Kinderen leren vaak onnodig krampachtig schrijven. Ze moeten te snel leren schrijven in vloeiend verbonden letters en dan liefst nog precies tussen veel te smalle lijntjes. De schrijfproblemen waarmee basisscholen te maken krijgen, zijn het gevolg van een onjuiste aanpak.'

Dit is de mening van Henk Schweitzer, die ook de auteur is van het eerder verschenen boek *Schrijven zonder pen*. Kinderen leren gemakkelijker schrijven als ze een schrift leren dat ze dagelijks overal om zich heen zien: het blokschrift. In de bestaande schrijfmethoden krijgen de kinderen onvoldoende mogelijkheden aangeboden om op een speelse wijze vlot en ontspannen leesbaar te leren schrijven. Schrijven in blokletters blijkt niet langzamer te zijn, al willen veel mensen anders geloven. Integendeel, naarmate we sneller moeten schrijven, gaan we efficiënter schrijven. We gaan dan vanzelf los schrijven.

In *Schrijven leer je zo!* wordt dan ook geen poging ondernomen het verbonden schrift aan te leren. In deze methode is iedere letter en ieder cijfer weer een nieuwe uitdaging. Het is een revolutionaire methode die de gangbare traditer rond het schrijven overboord zet. Een innovatieve aanpak van de schrijfdidactiek gecombineerd met de nieuwste inzichten betreffende de schrijfmotoriek. *Schrijven leer je zo!* is een methode die alle kinderen een verrassend nieuwe en speelse kans geeft leesbaar te leren schrijven.

*'Let op!', zegt de leerkracht van groep 3 terwijl alle kinderen gespannen toekijken.
'Vandaag gaan we de letter g aanleren.' Terwijl de leerkracht met uiterste precisie
de letter groot op het bord schrijft, zegt ze: 'En een buik naar omlaag!' De kinderen
steken hun wijsvingers in de lucht en volgen de opbouw van de letter in de lucht. Kort
daarna oefenen de kinderen met hun wijsvinger op het lege tafelblad en de proef op de
som wordt genomen door de letter in het schrijfschriftje tussen spoorlijntjes over te laten
trekken.
Een vlugge blik in het schrijfschriftje leert dat de letter tussen steeds smallere lijntjes
moet worden geschreven. Met de punt van de tong uit haar mond en totaal verkrampt
probeert Amber met ingehouden adem tussen de lijntjes te blijven. Goed zo, Amber!
Ontspan je! En nu naar regel twee.
'Denk erom,' zegt de leerkracht, 'als je binnen de lijntjes blijft, krijg je een stempeltje!
Als je vijf stempeltjes hebt, krijg je een plaatje!'*

Over de auteur

Henk Schweitzer werkt al zijn gehele carrière met kinderen met (schrijf)motorische problemen in het basisonderwijs en in het speciaal onderwijs. Gedurende zijn werk als motorisch remedial teacher en schrijfdocent aan de Hogeschool INHOLLAND groeide bij Henk Schweitzer het inzicht dat de motorische ontwikkeling van kinderen meer aandacht verdient. Eerst bewegen, dan schrijven, zo luidt zijn motto. Kinderen schrijven veel slordiger als ze gedwongen worden binnen korte tijd een ideaal resultaat te leveren. In veel gevallen blijkt dit een onmogelijke opgave.

Vanuit zijn veelzijdige praktijkervaring ontwikkelde Henk Schweitzer *Schrijven zonder pen*, een voorbereidend (schrijf)motorisch programma voor de onderbouw van de basisschool. Aan de hand van deze methode ontwikkelen kinderen op een speelse wijze de kleine motoriek, zodat ze beter voorbereid aan het schrijven kunnen beginnen. In de methode *Schrijven leer je zo!* is de auteur erin geslaagd de nieuwste inzichten op het gebied van motoriek en schrijven op een succesvolle wijze aan elkaar te koppelen.

Ook ontwikkelde Henk Schweitzer in opdracht van Nienhuis en Heutink unieke speelleermaterialen voor de ontwikkeling van de kleine motoriek. Op steeds meer scholen in binnen- en buitenland wordt er in de onderbouw van de basisschool met het speelleerprogramma *Kwinto* voor de ontwikkeling van de kleine motoriek gewerkt. De methode heeft daarin haar waarde in de praktijk al bewezen.
In zijn huidige baan als directeur van een basisschool bouwt hij samen met zijn collega's aan een school voor duurzame ontwikkeling. Daar horen ook kwaliteitsleermiddelen bij, zorgvuldig ontwikkeld op basis van ergonomisch onderzoek: deze zijn van een comfortabele kwaliteit, altijd innovatief en vooral: afgestemd op de individuele mogelijkheden van elk kind.

Behalve als schrijfdocent aan de Hogeschool INHOLLAND in Haarlem was Henk Schweitzer werkzaam als expert in het Expertisecentrum voor Orthodidactiek en was hij verbonden aan de Academy en de opleiding Motorische Remedial Teaching aan de Hogeschool INHOLLAND.

Henk Schweitzer in actie

1 Verantwoording

Bijna een kwart van de kinderen schrijft veel slordiger dan nodig. De schrijfproblemen waarmee basisschoolleerlingen te maken hebben, zijn vaak het gevolg van een nog onrijpe schrijfmotoriek. Deze problemen ontstaan wanneer ze in de eerste jaren van de basisschool te weinig planmatig en systematisch motorische oefeningen op hun niveau krijgen aangereikt. De meeste schrijfmethoden houden in hun oefenstof voor de groepen 2 en 3 onvoldoende rekening met het motorische ontwikkelingsniveau van de kinderen. Ze stellen vervolgens in groep 3 en de groepen daarna te hoge eisen aan het motorisch functioneren van de kinderen bij het leren schrijven.

> *Juf Vera van groep 4 loopt door het lokaal. Ze geeft een schrijfles en de drieëndertig kinderen zijn muisstil. Alleen het geschuif van de stoeltjes en het gezucht van elf kinderen is hoorbaar. Ze loopt langs de groepjes en leest langzaam de volgende regel op. 'Schrijf op,' zegt ze. 'Staf...'*
> *Bij Bart kijkt ze stiekem over zijn schouder. Met de punt van zijn tong uit zijn mond en totaal verkrampt probeert hij iets op papier te zetten. Bart schrijft met een potlood, dat hij onbeholpen vasthoudt. Zijn andere hand beweegt mee en schuift over het papier. Met ingehouden adem probeert hij tussen de lijnen te blijven.*
> *'Probeer dat potlood goed vast te houden, Bart,' zegt juf Vera. 'Ontspan je.'*

Bart

Dit voorbeeld is voor veel leerkrachten herkenbaar. In de loop van hun ontwikkeling kunnen zich bij kinderen allerlei problemen voordoen, veroorzaakt door aandoeningen en stoornissen van de motoriek, door geringe aanleg en vooral door een gebrek aan oefening van de kleine motoriek.

1.1 Schrijven is bewegen

Gaat er in het ontwikkelingsproces van het kind iets niet goed, vooral in de ontwikkeling van de kleine motoriek, dan heeft dit direct effect op het (leren) schrijven. We zien dit terug in een minder goede ontwikkeling van de ruimtelijke oriëntatie, de oog-handcoördinatie en het evenwicht. De algemene motorische ontwikkeling is vertraagd en het kind heeft vaak moeite met concentratie en stilzitten.

In de pauze vinden we Bart terug op het schoolplein. Bart en Valentijn knikkeren met elkaar. Bart knikkert met zijn hele hand door ongecontroleerd een duw tegen de knikker te geven. Hij mikt nauwelijks en het lukt hem niet met gebogen wijsvinger de knikker in het potje te krijgen. De meeste andere kinderen lukt dit wel.
Terwijl Valentijn knikker voor knikker Barts verzameling inpikt, wordt Barts hoofd steeds roder. Uiteindelijk rest Bart nog één ding: hij schopt tegen de knikkers en loopt weg.

Barts reactie laat zijn machteloosheid zien en onderstreept dat hij net zo goed wil zijn als zijn leeftijdsgenootje. Een motorisch zwak kind dat veel frustraties oploopt, ontwikkelt een afweerhouding om zich te handhaven. Het kind zal zijn emoties uiten of onderdrukken. Tijdens het schrijven krijgt het een gespannen lichaamshouding, verkrampt daardoor in zijn bewegingen en krijgt een verwrongen en vaak onleesbaar handschrift.

Schrijven is een ingewikkeld proces waarbij men moet stilzitten en bewegen tegelijk. Om als kind ontspannen en leesbaar te kunnen schrijven, zijn de vijf volgende vaardigheden van belang:
1. een goede ontwikkeling van de kleine motoriek om een potlood of (vul)pen correct te kunnen vasthouden;
2. een goede oogmotoriek om de regels snel te kunnen aftasten;
3. een goede oog-handcoördinatie om de hand te kunnen controleren en sturen;
4. gevoel voor maat en ritme: schrijven is een ritmisch proces;
5. een goed evenwicht in houding en rompstabiliteit om goed te kunnen zitten op een stoel en te werken aan een tafel.

Leren schrijven is dus een vorm van bewegingsonderwijs. Onderwijs in schrijven zou voor een groot deel gebaseerd moeten zijn op hulp bij het bewegen, dus op oefening van de kleine motoriek. Voor Bart en veel andere kinderen zou schrijven een stuk gemakkelijker gaan als ze er motorisch ook werkelijk aan toe zouden zijn. Het is daarom verstandiger een kind niet te snel te laten schrijven. Liever eerst de kleine motoriek beter ontwikkelen met spelletjes en oefeningen die een kind wel kan doen dan meteen krampachtig schrijven, wat steeds niet lukt. Met een gefrustreerd kind komt het misschien nooit meer goed.

De kleuters bij juf Marian werken hard om de werkstukjes voor de herfstvakantie af te krijgen. Het is de laatste middag voor de vakantie en zelfs juf Marian krijgt het er warm van. Sam worstelt al dagen om zijn spin af te krijgen. Het gepriegel met schaar, lijm en prikpen gaat hem niet zo goed af. Onhandig zoeken zijn vingers de grepen van de schaar en de prikpen valt regelmatig uit zijn nog mollige handjes. Juf Marian beseft dat Sam zijn spin niet afkrijgt en zegt: 'Weet je wat, Sam? Als je je spin nu eens tekent, dan is hij straks klaar!' Sam pakt opgelucht een stift en tekent een grote zwarte spin. In augustus van het volgende schooljaar gaat Sam naar groep 3.

1.2 Voorbereidend schrijven

In het huidige schrijfonderwijs wordt onvoldoende aandacht besteed aan het verwerven van motorische vaardigheden. Dit is een van de redenen dat een groot aantal kinderen in de leeftijd van vijf tot en met zeven jaar problemen ondervindt bij het aanleren van een leesbaar en ontspannen handschrift. Al wordt in de meeste schrijfmethoden aandacht besteed aan kleinmotorische warming-upoefeningen bij de start van de schrijfles, toch is er geen sprake van een verantwoorde en gestructureerde opbouw van de kleine motoriek.

Als docent Schrijven aan de School of Education bezocht ik de stagescholen waar de studenten schrijflessen geven. In de top drie van bewegingstussendoortjes staat een opmerkelijke oefening: het losschudden van de vingers. Op advies van hun leerkracht proberen de kinderen met dit bewegingstussendoortje hun schrijfkramp kwijt te raken. Dit is in mijn ogen een duidelijk signaal dat het leren schrijven in het verbonden schrift voor een steeds groter wordende groep kinderen te veel gevraagd is.

In de bestaande schrijfmethoden wordt het kind zodanig voorbereid op het schrijven dat het aan de schrijfvoorwaarden voldoet en kan beginnen met het daadwerkelijke schrijven. Meestal gebeurt dit via schrijfpatronen: patronen die vloeiend achter elkaar geschreven moeten worden. Deze patronen lijken in veel opzichten op letters. In de groep worden ze meestal groot aangeleerd met behulp van liedjes of versjes die passen bij de belevingswereld van het kind.

Voorbereidend schrijven bestaat echter uit meer dan alleen het schrijven van schrijfpatronen. Het kind moet links, rechts, boven en onder kunnen onderscheiden. Het moet een juiste pengreep, schrijfhouding en papierligging kunnen handhaven en bewegingen leren als op-en-neer, rond en hoekig.

'Kijk eens!' zegt meester Renno tegen de kinderen terwijl hij naar het bord wijst. 'De rook rolt uit de schoorsteen. Weet je ook waar de wind vandaan komt?' 'Tuurlijk!' zegt Remie en hij wijst naar het raam, dat een beetje openstaat.
'Als jullie de rook nu eens natekenen?' vraagt meester Renno.
Op het werkblad in het schrijfschrift staan de schoorsteentjes op de daken al getekend. Remie probeert de rook in een vloeiende beweging uit de schoorsteen te tekenen. Na de eerste bewegingen verlaat de elleboog de tafel al. Het lukt hem niet om stil te blijven zitten. Alles aan hem beweegt. Remie stapt van zijn stoel en maakt de bewegingen groter en groter.

Net als voor Remie is voor veel kinderen het oefenen van schrijfpatronen niet voldoende. Bij het voorbereiden op het leren schrijven moet de ontwikkeling van kleinmotorische vaardigheden centraal staan: handigheid en coördinatie van hand en vingers, gevoel voor houding en evenwicht, schrijven met de voorkeurshand, oog-handcoördinatie en ruimtelijke oriëntatie.

Niet bij alle kinderen ontwikkelen deze vaardigheden zich vanzelf. Elk kind heeft zijn eigen beginsituatie, ontwikkelingsniveau en tempo. *Schrijven leer je zo!* is zo samengesteld dat het kind voortdurend wordt geconfronteerd met oefeningen en materialen waarmee het op een speelse wijze de kleine motoriek kan ontwikkelen. Er worden geen eisen gesteld aan het wel of niet beheersen van de oefeningen. Het plezier bij het spelen en het uiteindelijk beheersen van de oefeningen staan voorop.

> *Thomas zit net een paar weken op school. Om hem te laten wennen heeft juf Annemieke hem dicht bij haar aan een tafeltje gezet. Thomas' grote ogen laten de juf geen moment los, er ontgaat hem niets. Bij het buiten spelen volgt Thomas zijn juf als een schaduw. Tijdens een werkles schrijft Annemieke wat in het klassenschrift. Intussen krabbelt Thomas wat op een papiertje. Triomfantelijk steekt hij zijn blad in de lucht en roept: 'Kijk, juf, ik kan schrijven!'*

1.3 Talig schrijfonderwijs

Schrijven is het meest geëigende middel om taal vast te leggen. Schrijven en lezen hangen samen. Door lezen en schrijven kun je plaats en tijd overbruggen: je kunt met anderen van gedachten wisselen, ook al zijn de schrijver en de lezer niet op dezelfde plaats aanwezig. Lezen en schrijven verwijzen ook naar elkaar. Schrift wordt immers geproduceerd om gelezen te worden. Wanneer een kind leert lezen, beseft het al heel snel dat het zich niet alleen kan uiten door te praten, maar ook door te schrijven.

Steeds meer kinderen experimenteren op steeds jongere leeftijd met taal. Veel kleuters kunnen al lezen en zelfs een paar woordjes schrijven. Het schrijven van letters en woorden heeft voor kinderen een grote communicatieve waarde. Leren schrijven is vanuit deze betekenisvolle context dan ook vooral functioneel. Volgens nieuwe inzichten moet er veel belang worden gehecht aan het leren schrijven binnen betekenisvolle contexten. Kinderen schrijven tegenwoordig woorden en zinnen die direct gekoppeld zijn aan de leesmethode.

Amber is een echte schrijfster

Ontwikkelingsgericht onderwijs moet vooral talig zijn en binnen betekenisvolle contexten plaatsvinden. Veel kinderen schrijven in een tekening de woordjes die ze geleerd hebben. Al snel ontstaan korte zinnetjes of gaan kinderen verhaaltjes en brieven schrijven. Het gebruik van sleutelwoorden mag zich in een hernieuwde belangstelling verheugen. Volgens onderzoek van Virginia Berninger (1998) vormt het automatiseren van geheugen en motoriek de basis voor een goed handschrift.
Deze automatisering vormt een belangrijke voorwaarde voor een goede tekstproductie. Door een betekenisvolle context aan te bieden wordt het motorische niveau bovendien gekoppeld aan de gebruikstaal van het kind zelf. Het overschrijven van teksten die er niet toe doen, is daarmee verleden tijd. Technisch en creatief schrijven raken verweven, een interessante integratie die de taalontwikkeling van het kind alleen maar gunstig zal beïnvloeden.

Mijn dochter Amber is een echte schrijfster. Het memoblokje is haar favoriete schrijfmateriaal: kleine vierkante blaadjes die op de achterkant voorzien zijn van een handig plakstripje. Ik kom ze dan ook met grote regelmaat tegen, op de deur van haar slaapkamer en op andere plaatsen waar je ze niet verwacht. De boodschappen zijn meestal kort, in blokletters geschreven en laten aan duidelijkheid niets te wensen over.

PAP WAAR WAS JE NOU?
XXX AMBER

1.4 Kiezen voor het blokschrift

Leren schrijven vraagt naast leren rekenen en leren lezen een geweldige inspanning van de kinderen in groep 3 van de basisschool. Veel kinderen zijn motorisch nog niet in staat de voorbeeldletters over te trekken en na te maken. Leerkrachten zijn het erover eens dat schrijven tot de meest onderschatte en complexe vaardigheden behoort die het kind zich in zijn schoolperiode moet eigen maken.

De valkuilen zijn bekend. Er worden te hoge eisen gesteld aan het motorische niveau van het kind. Bovendien ligt het aanleertempo in groep 3 vaak te hoog. Veel schrijfmethoden zijn gekoppeld aan een leesmethode, waardoor het kind direct de letters en woorden leert schrijven die het net heeft leren lezen.

De praktijk wijst uit dat dit een onmogelijke opgave is. Het merendeel van de leerkrachten voelt zich gedwongen maatregelen te nemen die recht doen aan de verschillen tussen kinderen, maar is daar onvoldoende toe in staat. Bij gebrek aan adaptieve programma's wordt het leren schrijven vaak uitgesteld. Tegelijkertijd vervalt de belangrijkste reden om te kiezen voor een geïntegreerde lees-schrijfmethode. De resultaten uit onderzoeken liegen er niet om: bijna een kwart van de kinderen schrijft tegenwoordig veel slordiger dan nodig is, met als gevolg dat bij kinderen de motivatie al snel afneemt en het plezier in het schrijven verdwijnt. Deskundigen constateren dat deze foutieve aanpak in toenemende mate schrijf- en leerproblemen in de hand werkt.

Op de meeste scholen leren de kinderen schrijven vanuit een aanpak met globaal- of sleutelwoorden. Het kind leest het woordje 'ik' en schrijft het woordje 'ik' vanuit de verbonden versie; eerst los en later vast. De i zal voor de meeste zesjarigen niet veel problemen opleveren, maar de tweede letter, de lusletter k, behoort tot de meest gecompliceerde letters in het verbonden alfabet. Door te kiezen voor deze aanpak negeert men het motorische ontwikkelingsniveau van het gemiddelde kind uit groep 3, met alle gevolgen van dien.

1.4.1 Herkenbaarheid

Het schrijfonderwijs wordt nog steeds beïnvloed door denkwijzen die vanuit de kalligrafie – schoonschrijven – zijn bedacht. Op vrijwel alle scholen in Nederland wordt het verbonden koordschrift aangeleerd. Veel kinderen hebben juist moeite met het uitvoeren van de schrijfbeweging van het verbonden schrift. Het maken van lussen wordt door hen als ingewikkeld ervaren. Veel letters en verbindingen van het verbonden schrift zijn complex van structuur en vereisen een vaardige bewegingstechniek. Bovendien herkennen ze de geschreven letters niet in de gelezen letters. De letters zijn dus weinig betekenisvol. Daarom wordt in *Schrijven leer je zo!* gekozen voor het blokschrift. De lettervormen hebben namelijk een eenduidige halenstructuur, bevatten geen complexe overgangen en lange lettertrajecten, en worden aangeboden vanuit een motorisch aansluitende moeilijkheidsgraad.

ik kan al zgrijpen
ameer

Helaas is op veel scholen schrijven in blokschrift nog taboe, terwijl uit onderzoek van het CITO (PPON, 1999) blijkt dat kinderen die in blokschrift schrijven in een aanvaardbaar schrijftempo schrijven en met uitstekende resultaten wat betreft de leesbaarheid (p. 57). 'Niettemin kunnen we constateren dat leerlingen die een blokschrift hanteren toch vaak een acceptabele snelheid bereiken met goede of uitstekende resultaten wat betreft de leesbaarheid.'

> *Tijdens een stagebezoek vroeg de leerkracht van groep 8 of ik eens naar het handschrift van twee jongens uit haar groep wilde kijken. Ze vroeg zich af of de jongens, die in haar ogen zeer slordig schreven, toe zouden zijn aan het schrijven in blokschrift of het werken met een laptop. Ik kon mijn ogen niet geloven toen bleek dat ze hun zelfgeschreven teksten niet konden lezen! Het kostte me weinig moeite om de leerkracht te overtuigen van het feit dat hier sprake was van functioneel analfabetisme en dat hulp dringend geboden was.*

De bewegingsstructuur van het blokschrift is eenvoudig, de vorm is simpel en helder, en er is een duidelijke overeenkomst met gedrukte letters, die gemakkelijk herkend worden. Bovendien blijft de leesbaarheid altijd behouden, in tegenstelling tot snel geschreven verbonden schrift, dat al snel onleesbaar wordt. Onderwijsinhoudelijk betekent kiezen voor het blokschrift een enorme tijdsbesparing: letterverbindingen hoeven niet meer aangeleerd te worden, merkwaardige vlaggen en wimpels worden overbodig en ook de hoofdletters zijn eenvoudiger te realiseren.

1.4.2 Taalzwakke kinderen

Leren schrijven in blokschrift ondersteunt het leesproces. Dit blijkt vooral bij 'taalzwakke' kinderen. Zij hebben veel moeite met het herkennen van letters en woorden. Vooral door de omschakeling van het verbonden schrift naar blokletters en omgekeerd is het voor deze kinderen heel moeilijk om tot letter- of woordherkenning te komen. Ze schrijven namelijk in het verbonden schrift en lezen in boekjes, op tv en computer het blokschrift.

Schrijven deze kinderen in blokschrift, dan slaan ze de letters en woorden op in het mentale lexicon; dit is het gebied in de hersenen waar de opslag van taal plaatsvindt. Ze herkennen op deze manier gemakkelijker wat ze lezen. Het opgeslagen woordbeeld komt namelijk overeen met het woord dat ze moeten lezen. Op deze wijze boeken ze de grootste vooruitgang. Sommige kinderen leren zelfs dan pas lezen. Ook verbetert in veel gevallen het handschrift.

1.4.3 Dyslexie

Specialisten op het gebied van dyslexiebegeleiding kiezen er steeds vaker voor dyslectische kinderen te helpen door ze in blokschrift te leren schrijven. Een bekende dyslexiedeskundige bevestigde deze keuze door op een symposium uiteen te zetten dat het aaneenschrijven van twee letters al te complex is voor de meeste mensen met dyslexie.

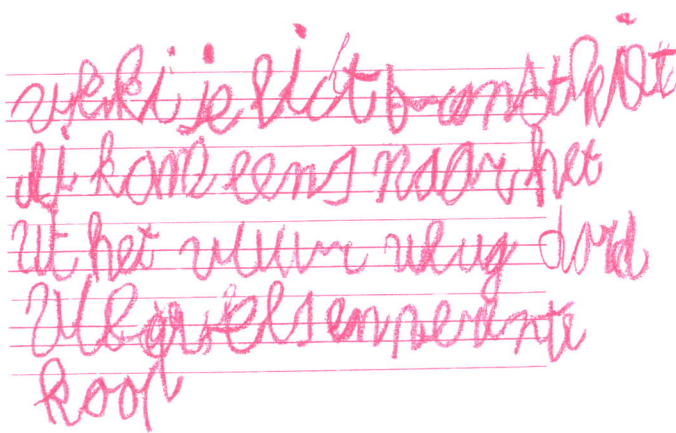

Help! Ik kan mijn eigen tekst niet lezen

In de praktijk zien we nog wel eens leerkrachten die speciaal voor de dyslectische kinderen woordrijtjes in blokschrift schrijven. Het is de bedoeling dat de andere kinderen naar de rijtjes in het verbonden schrift kijken. En wat zien we? Alle kinderen kijken naar de woordjes in het blokschrift. Conclusie: blokschrift is beter leesbaar.

1.5 Oorzaken van schrijfproblemen

Schrijven moet goed worden aangeleerd, maar niet te jong. Voor veel kinderen komt het schrijfonderwijs te vroeg. Zo zijn de verschillen tussen jongens en meisjes bij binnenkomst op de basisschool al behoorlijk groot. Ondanks alle zichtbare verschillen beginnen alle kinderen in groep 3 met dezelfde schrijfoefeningen en staat het moeilijker te produceren verbonden schrift zonder discussie centraal. Bovendien weten we uit verschillende studies dat ongeveer een derde van alle kinderen bij de start van groep 3 over onvoldoende visueel-motorische vaardigheden beschikt. Je kunt erop wachten dat er problemen ontstaan.

1.5.1 Probleemanalyse

Die problemen ontstaan dan ook doordat kinderen tijdens de eerste jaren van de basisschool te weinig elementaire bewegingsspelen en oefeningen op hun niveau krijgen aangereikt. Het steeds kleiner lijkende bewegingsrepertoire van kinderen maakt het voor hen eveneens steeds moeilijker een goede start in de schrijfmethode te maken. Wanneer een kind een stoornis in het schrijven vertoont, is het vaak niet gemakkelijk om aan te geven wat het probleem is. Om het probleem te achterhalen moet het schrijfproces beoordeeld worden. Waar ging het mis?

Oorzaken van schrijfstoornissen kunnen op zowel cognitief als motorisch terrein liggen. Gedurende hun ontwikkeling kunnen zich bij kinderen problemen manifesteren die veroorzaakt zijn door aandoeningen en stoornissen van de motoriek. Deze problemen kunnen ook veroorzaakt zijn door geringe aanleg en een gebrek aan oefening van de motoriek. In het primaire onderwijs zien we zwakke schrijvers. Zij lopen in groep 3 al snel een achterstand van minimaal een jaar op. Ze kunnen letters alleen maar traag en moeizaam in een juiste vorm en volgens een bepaald traject schrijven. Het schrijfproduct vertoont een grote mate van onregelmatigheid in lettervorm, hellingshoek, lettergrootte en afstand tussen letters en woorden onderling. Een gericht advies voor de aanpak van de zwakke schrijvers staat bij de meeste schrijfmethoden nog in de kinderschoenen en komt niet of nauwelijks van de grond.

1.5.2 Inzicht in motorische ontwikkeling

Opvallend is dat leerkrachten weinig kennis hebben van wat bij kinderen een normale of afwijkende schrijfontwikkeling is. De hedendaagse schrijfmethoden sluiten niet aan bij of geven onvoldoende inzicht in de (motorische) (on)mogelijkheden van de kinderen aan het begin van groep 3. Verder ontbreken specifieke bewegingsoefeningen die een directe voorbereiding kunnen zijn op het technische schrijven. En er wordt onvoldoende aandacht besteed aan het verwerven van motorische vaardigheden.

In *Schrijven leer je zo!* wordt de kleine motoriek gestructureerd en verantwoord opgebouwd. De motorische oefeningen zijn volledig geïntegreerd in de schrijflessen. Op het werkblad waarop de letter wordt aangeboden, staat een illustratie van een motorische oefening die aanspreekt. Leerkrachten hoeven dus geen handleiding te raadplegen of een oefening te bedenken. Op deze wijze is een gevarieerd aanbod van motorische oefeningen gegarandeerd. In de praktijk blijkt zelfs dat de kinderen de leerkracht attent maken op de uit te voeren oefening. Hebben ze de kleine motoriek goed onder de knie, dan leidt dat tot een beter handschrift. Schrijven is dus een vorm van bewegingsonderwijs.

Motorische oefening uit Schrijven leer je zo!

1.6 Problemen signaleren

Hulp bij het schrijven zou voor een belangrijk deel gebaseerd moeten zijn op hulp bij het bewegen, dus op oefening van de kleine motoriek. Uiteraard moet de diagnostiek van het schrijven ook informatie geven over de mate waarin de motorische vaardigheden worden verworven.

Schrijven leer je zo! voorziet in een leerlingvolgsysteem dat met een efficiënte aanpak schrijfproblemen voorkomt. Met behulp van het leerlingvolgsysteem kunt u op uw basisschool de schrijfmotorische ontwikkeling van kinderen van vijf tot en met twaalf jaar observeren en uw observaties registreren. Door het vaardigheidsniveau van kinderen te kennen biedt u hun meer kansen zich op het gebied van schrijven te ontwikkelen.

1.7 Voordelen van het blokschrift

Als kinderen mogen kiezen, kiezen ze voor het blokschrift. Ook onder leerkrachten groeit de belangstelling voor het blokschrift. Ze constateren dat de motorische vaardigheden van de leerlingen zich minder snel ontwikkelen dan vroeger. Het merendeel van de jonge kinderen blijkt het zogenaamde schoonschrijven minder snel onder de knie te krijgen.

> *Regelmatig hoort men dat de motoriek van kinderen schrikbarend achteruitgaat. Ze spelen minder en zitten langer voor de tv of computer dan gezond voor ze is. Daardoor ontwikkelen ze zich later dan gebruikelijk. Leerkrachten in de onderbouw klagen dat kinderen steeds minder zelfredzaam zijn. Ze ontwikkelen steeds later instrumentele vaardigheden als zich aan- en uitkleden en veters strikken, en ook het schrijfproces ver-*

loopt moeizaam. Een geroutineerde leerkracht die al jaren groep 3 draait, bekende aan haar team dat ze de moed bijna had opgegeven. Het duurt langer voordat de kinderen het schrijven onder de knie krijgen en voor een groter wordende groep blijkt het zelfs onmogelijk.

1.7.1 Leesbaar

De voordelen van het blokschrift blijken ook op langere termijn enorm te zijn. Het schrift is eenvoudig leesbaar en helder van vorm. De letters zijn herkenbaar en leiden vlot tot een leesbaar handschrift. De laatste inzichten wijzen erop dat kiezen voor het blokschrift gedurende de basisschool wel eens de oplossing zou kunnen zijn waarop het moderne taalonderwijs wacht. Het is een gebruiksschrift dat perfect past in onze, zich in hoog tempo ontwikkelende, maatschappij waarin plaats is voor ontluikende geletterdheid, interactief taalonderwijs en verdergaande automatisering.

1.7.2 Betekenisvol

Schrijven leer je zo! is ontwikkeld vanuit de overtuiging dat schrijven van de kinderen zelf is. Met deze methode wordt het schrijven teruggegeven aan de kinderen. Ze leren schrijven vanuit betekenisvolle contexten met letters die ze eenvoudig kunnen thuisbrengen omdat ze die overal om zich heen zien. En ze ervaren dat ze eenvoudig kunnen leren schrijven. Geen saaie, voor de hand liggende lessen, maar uitdagende lessen waarin ze zich competent kunnen voelen en mogen uitgaan van hun persoonlijke ontwikkeling, zoals blijkt uit enthousiaste reacties van kinderen en leerkrachten die *Schrijven leer je zo!* gebruiken.

Wanneer scholen overwegen een nieuwe schrijfmethode aan te schaffen, informeren leerkrachten naar de bevindingen van de scholen die kinderen leren schrijven in het blokschrift met behulp van Schrijven leer je zo! De reacties zijn enthousiast en veelzeggend. De zwakke schrijvers schrijven nu leesbaar en de goede schrijvers schrijven alsof het gedrukt staat.

1.7.3 Aansluitend op belevingswereld

Naast een bewuste keuze voor blokschrift biedt *Schrijven leer je zo!* een verrassend speelse methode volgens de nieuwste inzichten op het gebied van motoriek, psychologie en taal:
- motorische oefeningen zijn geïntegreerd in de methode;
- de didactiek is verfrissend en nieuw;
- de contexten zijn voor de kinderen betekenisvol;
- de manier van aanleren van een correcte schrijfhouding en -beweging is innovatief;
- de methode voorziet in unieke leermiddelen en systemen, zoals kleurenrasters en verkeerslichten;
- reflectie en een dialogische aanpak zijn belangrijke pijlers.

Het belangrijkste voordeel van het blokschrift is vooral de aansluiting op de beleving van het kind, met een leesbaar handschrift als resultaat, of het nu rechts- of linkshandig is. Het verbonden schrift wordt niet herkend in de vele media-uitingen die het kind al vroeg onder ogen krijgt. In het blokschrift echter is de schrijfletter identiek aan de drukletter, de computerletter en de formulierletter. Daardoor ligt er een eenvoudige koppeling met aanvankelijk lezen en daarmee ook met het uitzetten van een ononderbroken leerlijn.

1.7.4 Efficiënt

De resultaten van het schrijven in het verbonden koordschrift zijn voor veel kinderen vaak een bron van teleurstelling en demotivatie. Het aanleren van het verbonden schrift vergt dan ook veel tijd en inspanning. Leren schrijven met het blokschrift vermindert de druk op het overvolle programma in groep 3 omdat de instructie en oefentijd aanmerkelijk korter zijn.
De lussen en onnodige verbindingen leiden bij het verbonden schrift vaak tot onduidelijkheid en kunnen de kinderen verwarren.

Binnen een jaar leesbaar schrijven!

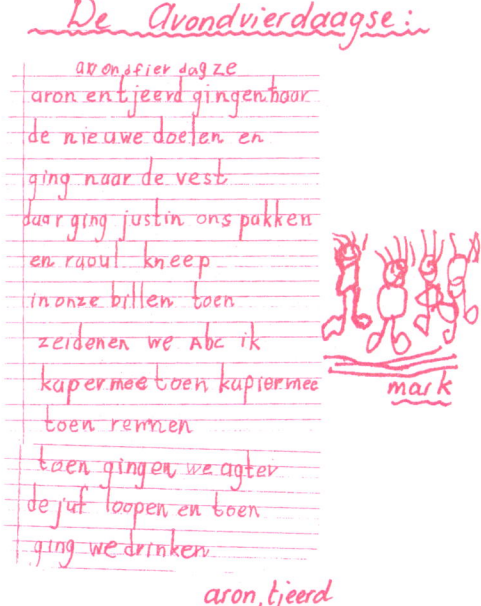

Blokschrift leidt tot verbonden schrift
Het blokschrift leidt automatisch tot een verbonden schrift. Het blokschrift impliceert namelijk schijnverbindingen. In de beweging zit de verbinding al opgesloten, alleen niet zichtbaar op papier. Los leren schrijven betekent automatisch natuurlijke verbindingen maken. Naarmate de druk om snel te schrijven toeneemt, gaat het kind efficiënter schrijven. Veel kinderen in de bovenbouw willen los en rechtop schrijven: het is vaak beter leesbaar. De lussen zorgen echter vaak voor onnodige problemen. Ook gaan kinderen in hogere groepen steeds minder hellend schrijven.

Net zo snel
Uit onderzoek van het CITO (PPON 1999) op driehonderd basisscholen in Nederland blijkt dat het blokschrift niet langzamer is dan het verbonden schrift. De schrijfsnelheid wordt namelijk niet uitsluitend bepaald door het lettertype. Het onderzoek toont aan dat kinderen die in blokschrift schrijven meer dan uitstekend leesbaar schrijven in een aanvaardbaar schrijftempo.

Natuurlijk
Wanneer kinderen aanvankelijk los leren schrijven, ontwikkelen ze gaandeweg een gecombineerd los-vastschrift dat uit natuurlijke verbindingen bestaat. Het meest ontspannen en vlotst geschreven schrift bestaat uit maximaal vier aan elkaar geschreven letters. Het aaneenschrijven van alle letters is dus onnodig gecompliceerd. Het bezwaar dat blokschrift tot schrijfkramp zou leiden, is daarmee ontkracht. Waarom zouden kinderen voor een losschrift kiezen bij het ontwikkelen van een eigen handschrift als dit tot kramp zou leiden?

> *Tijdens lezingen over Schrijven leer je zo! vraag ik steevast wie er nog volledig verbonden schrijft. Een enkeling steekt dan zijn hand op. De groep die los(-vast) schrijft, is duidelijk in de meerderheid. Eerstejaarsstudenten op de PABO reageren vaak bezorgd wanneer ze horen dat ze weer net zo moeten leren schrijven als ze het in groep 3 op de basisschool hebben geleerd.*

1.8 Oorsprong van de methode

De methode *Schrijven leer je zo!* vindt haar oorsprong in de Verenigde Staten. Uit onderzoek van Virginia Berninger en haar collega-onderwijspsychologen van de Universiteit van Washington (1992) blijkt dat het overtrekken en kopiëren van letters een omslachtige en inefficiënte manier van letters aanleren is. Hun onderzoek werd uitgevoerd op een groot aantal scholen in de Verenigde Staten. Ze testten verschillende lesmethoden die al decennia in het schrijfonderwijs als succesvol werden beoordeeld. Na afloop van het onderzoek zetten ze vraagtekens bij de zin van:
- in de lucht en op tafel schrijven;
- verbaal ondersteunen;
- overtrekken;
- natekenen van de letter;
- de opbouw van ongelinieerd naar hulplijnen.

Volgens het onderzoek gingen kinderen het duidelijkst schrijven wanneer ze in de les eerst letters te zien kregen die voorzien waren van pijltjes of oriëntatietekens die het bewegingsverloop aangeven. Vervolgens werd dit beeld bedekt, waarna de kinderen de letters uit het hoofd moesten opschrijven. De leerkracht noemde daarbij de letters bij de naam. De kinderen werden door de oriëntatietekens in de letter uitgedaagd na te denken over het bewegingsverloop ervan: wat maakt de letter tot een moeilijke letter, waar is de in- en de uitgang van de letter, waar zijn de zogenaamde keerpunten en bij welk deel van de letter is de beweging moeilijk?

De resultaten van dit Amerikaanse onderzoek sloten haarfijn aan op de ervaringen die Henk Schweitzer dagelijks in de Nederlandse onderwijspraktijk opdeed. Hij signaleerde dezelfde knelpunten in de methoden van het Nederlandse schrijfonderwijs, die er de oorzaak van zijn dat de groep zwakke schrijvers in het basisonderwijs steeds groter wordt. Schrijfproblemen zijn vaak het gevolg van een achterstand in de ontwikkeling van de motorische vaardigheden. De bevestiging die Henk Schweitzer vond in het onderzoek van Berninger vormde de inspiratie om *Schrijven leer je zo!* tot een volwaardige en succesvolle schrijfmethode voor het Nederlandse basisonderwijs te ontwikkelen.

In de lucht schrijven

naar de vakantie ga ik naar
groep 4 ik vint het leuk
in groepa3 ik heb 2
juffen in de klas juf
marjan en alexandra juf
marjan is de gekste ik
zit met lesen in niefo 6
het rekenen gaat goet en
snel 😊 😊 😦
anna

anna

2 De methode

In dit hoofdstuk worden de karakteristieken besproken van de schrijfmethode *Schrijven leer je zo!*. Ook worden de differentiatiemogelijkheden binnen de methode beschreven en de twee keuzeversies (*Schrijven leer je zo!* en *Schrijven leer je zo! Plus*) besproken. Hoofdstuk 3 biedt een overzicht van alle leermiddelen. In de hoofdstukken 4 en verder wordt de methode per groep toegelicht. Voor deze hoofdstukken wordt de inhoud van hoofdstuk 2 bekend verondersteld.

2.1 Algemeen

In *Schrijven leer je zo!* wordt het blokschrift aangeleerd; er wordt geen verbonden schrift aangeboden. Houding en beweging worden als primaire voorwaarden in het schrijfproces gezien. Spelenderwijs wordt met motorische oefeningen – bewegingstussendoortjes – aandacht besteed aan een goede schrijfhouding en schrijfbeweging. Er wordt gebruikgemaakt van verkeerslichtletters voor ondersteuning bij vormherkenning en trajectbeheersing. De leerlingen schrijven eerst tussen kleurenrasters om onnatuurlijk en verkrampt bewegen te voorkomen. Daarnaast is er ook een stapsgewijze opbouw in de liniatuur. Met coöperatief leren worden de leerlingen uitgedaagd om over hun eigen prestaties en die van anderen na te denken en erop te reflecteren. Dit leidt tot een kritische en positieve leerhouding. Er is een computerprogramma waarmee de schrijfbeweging zelfstandig geoefend kan worden. De grootte, het tempo en de verbale ondersteuning worden door de computer geregeld.

2.1.1 Structuur

Voor de groepen 1 en 2 is er het boek *Schrijfkriebels*, gericht op het ervaren van voorbereidende schrijfbewegingen. Het bevat een theorie- en een praktijkgedeelte. In groep 3 oefenen de leerlingen met voorbereidende vormen, cijfers, kleine letters en tweeklankletters. In groep 4 worden de hoofdletters aangeboden en wordt er een overgang gemaakt naar het schrijven van teksten. In groep 5 start het voortgezet schrijven met betekenisvolle thema's. De ondersteuning met oriëntatiepunten wordt minder en de liniatuur wordt afgebouwd. In groep 6 komt daar creatief schrijven bij. Voor de groepen 7 en 8 is er *Schrijfmix*, een map met daarin zestig opdrachten op het gebied van voortgezet schrijven. De nadruk ligt op taalcommunicatieve aspecten gecombineerd met creatief schrijven en het behoud van een vlot leesbaar handschrift.

2.1.2 Differentiatie

Schrijven leer je zo! biedt een zo gedifferentieerd mogelijke leerlijn voor alle kinderen van de groepen 1 tot en met 8. *Schrijven leer je zo!* beschikt over een reguliere versie en een Plus-versie. Deze differentiatie biedt leerkrachten de mogelijkheid om op basis van eigen inzichten te kiezen voor een aanpak die voor de school en het kind goed is. De reguliere versie bestaat uit schriften die bij uitstek geschikt zijn voor de standaard groepssituatie. Met de Plus-versie is het mogelijk de motorisch zwakke leerling naast de methode of op individuele basis een gestructureerd en verantwoord alternatief programma te bieden. Deze individuele leerlijn start in groep 3 met het aanbieden van de letters en cijfers op zogenoemde werkbladen in een bewaarmap en een oranje werkmap. De vorm van de oranje Werkmap biedt de mogelijkheid letters en cijfers op een speelse en beproefde wijze aan te leren. Tevens kunnen er extra oefenbladen aan de werkbladen worden toegevoegd. Deze biedt de uitgever aan in scheurblokken (Scheurblok schrijfspel en Blanco rasterscheurblok). De extra oefenbladen kunnen gebruikt worden wanneer meer herhaling en oefening nodig blijken te zijn.

2.2 Didactische benadering

De zwakke schrijfprestaties van kinderen brengen veel scholen ertoe na te denken over een andere aanpak van het schrijfonderwijs. Terwijl de ontwikkelingen in het onderwijs elkaar in sneltreinvaart opvolgen, lijken die op het gebied van het schrijfonderwijs stil te staan. Veel leerkrachten geven tegenwoordig nog op dezelfde wijze schrijfles als ze het vroeger zelf hebben geleerd. Uit de handleidingen van veel schrijfmethoden blijkt dat het huidige schrijfonderwijs nog sterk onder invloed staat van het klassikaal onderwijs.

Dit betekent dat we in de praktijk vaak een leerkracht aantreffen die voor het bord staat en aan de gehele groep dezelfde instructie geeft. De leerkracht tekent de letter voor op het bord en geeft verbale ondersteuning. De kinderen schrijven daarop de letter in de lucht of met de wijsvinger van de schrijfhand op hun tafel, om vervolgens op papier over te stappen van ongelinieerd naar spoorlijnen en andere hulplijnen, en daarna op de lijn.

> *Toen de leerkracht van groep 3 de lusletter b introduceerde, zag ik de kinderen met stijgende verbazing kijken naar de lusletter die de leerkracht op het bord schreef. Deze letter hadden ze nog nooit gezien en hij leek ook in niets op de letter die ze hadden leren lezen. Toen de leerkracht ook nog vertelde dat ze de letter moesten leren schrijven, sloeg de verbazing om in wanhoop. Dat lukt ons nooit!*

Voor veel kinderen werkt deze aanpak niet. De stappen zijn te groot. Bij het inoefenen in de schrijfschriften moeten ze direct tussen de lijnen schrijven. Het resultaat is dat ze zich onvoldoende richten op de vormaspecten. Er moet veel bijgestuurd worden en vooral bij zwakke schrijvers neemt de spanning toe. *Schrijven leer je zo!* legt de nadruk op het ontspannen leren schrijven met aandacht voor vorm, grootte en bewegingsrichting van het schrijfproduct.

2.2.1 Evaluatie en reflectie

In *Schrijven leer je zo!* wordt uitgebreid aandacht besteed aan het evaluatie- en reflectieproces.
Onmiddellijk feedback krijgen en zelf je eigen motorische proces analyseren werkt zeer stimulerend voor de schrijfontwikkeling. Evaluatie is noodzakelijk om de kwaliteit te kunnen verbeteren. In de meeste schrijfmethoden wordt het evalueren door de leerkracht gedaan. Het evalueren door leerlingen blijkt echter een uitstekende manier van evalueren te zijn. Door dit coöperatieve leren worden kinderen uitgedaagd om over hun eigen prestaties en die van anderen na te denken en erop te reflecteren. Op den duur leidt het regelmatig doorspreken van de evaluatiegegevens tot een kritische en positieve leerhouding.

Hoe anders gaat het vaak in de praktijk. In veel gevallen worden de schriftjes nagekeken en de volgende dag pas aan de kinderen teruggegeven. Vaak met krullen, maar ook regelmatig vol rode strepen met op- en aanmerkingen: 'Werk niet zo slordig!' en 'Doe nu eens je best!' De kinderen worden geconfronteerd met wat niet goed ging. Meer leerrendement is te verwachten wanneer kinderen structureel kunnen aangeven wat wel gelukt is.

2.2.2 Positieve benadering

In de werkbladen van *Schrijven leer je zo!* wordt deze positieve-feedbackstrategie consequent toegepast. Het pictogram hiernaast nodigt het kind uit het mooiste resultaat te kiezen. Veel volwassenen kijken met weinig plezier terug op de schrijflessen van vroeger. Een onvoldoende voor schrijven op je rapport bevordert de motivatie en het plezier in schrijven zeker niet. *Schrijven leer je zo!* kiest voor een opbouwende en positieve benadering die kinderen structureel stimuleert hun eigen competentie te verwerven.

2.3 Motorische principes

In *Schrijven leer je zo!* vormen een goede schrijfhouding en schrijfbeweging primaire voorwaarden om succesvol het schrijfleerproces te doorlopen. Aan de hand van een speciaal hiervoor ontwikkeld stappenplan leert het kind op speelse wijze een goede houding en beweging aan. Niet in corrigerende zin, zoals in veel schrijfmethodieken wordt gedaan, maar in positieve zin ervaart het kind bewust wat een juiste schrijfhouding inhoudt door het doen van motorische oefeningen.

2.3.1 Zithouding

In groep 3 vindt stapsgewijs de oriëntatie plaats die voorafgaat aan de schrijfoefeningen. Aan de hand van voorbeelden leert het kind met behulp van steun- en oriëntatiepunten de juiste zithouding ervaren. Elke stap is gekoppeld aan een motorische oefening die in direct verband staat met het aandachtspunt in de zithouding. Zo is de motorische oefening 'wiebelzitten' gekoppeld aan het aandachtspunt 'zithouding' en de oefening 'potloodklimmen' aan het aandachtspunt 'aanleren van een juiste pengreep'.

Heen en weer. Aanleren van een juiste zithouding

2.3.2 Bewegingstussendoortjes

In al het materiaal van *Schrijven leer je zo!* wordt op elke pagina een motorische oefening aangeboden. De oefeningen zijn bedoeld om een verkeerde schrijfhouding direct te corrigeren en te verbeteren.

Indirect worden spierspanning en statisch evenwicht geoefend. De oefeningen zijn speels van opzet. Als bewegingstussendoortjes zijn ze in de les van grote waarde; ze vormen een vast onderdeel van de schrijfles en komen tegemoet aan een grote behoefte bij leerkrachten om op een gerichte en verantwoorde manier bewegingsvaardigheden aan te bieden voor de ontwikkeling van schrijfhouding en schrijfbeweging. Ze zijn gemakkelijk op een stoel of aan een tafel uit te voeren omdat ze eenvoudig van opzet zijn en geen specifiek materiaal vereisen. Hoofdstuk 13 biedt een selectie van de bewegingstussendoortjes. Ook staan er filmpjes van de bewegingstussendoortjes op de cd-rom.

Klimmen in de pen

2.3.3 Verkeerslichtletters

Vormherkenning en uiteindelijk trajectbeheersing kunnen positief beïnvloed worden door verkeerslichtletters. Door middel van deze verkeerslichtletters leert het kind in korte tijd de lettervormen die nodig zijn om een vloeiend handschrift te ontwikkelen. Het verkent de beweging, richting en vorm van de letters en cijfers door middel van oriëntatietekens die de schrijfbeweging aangeven. De markeringen van de verkeerslichtletter (start – terug – stop) helpen het kind bij het verinnerlijken van het bewegingstraject. Het kind automatiseert op deze wijze zelfstandig de basiskennis van het schrijven.

> *De letter h begint bovenaan bij het groene verkeerslicht. Bij het gele verkeerslicht ga je terug. Bij het rode verkeerslicht stop je. Kinderen leren op deze manier zelfstandig de bewegingsrichting oefenen.*

Verkennen van de schrijfbeweging

2.3.4 Schrijfspel

Het kind schrijft de letter h binnen de vakjes van het schrijfspel. Met behulp van de stapjes in het schrijfspel oefent de leerling de voor het leren schrijven essentiële aspecten: vormconstantie, kracht- en drukregulatie, en ritme en maat. Onderstaande aspecten zijn onmisbare onderdelen in de handschriftontwikkeling.
De leerling oefent:
1 van groot naar klein schrijven: van walvis naar muis (vormconstantie);
2 van zwaar naar licht drukken: van nijlpaard naar mug (kracht- en drukregulatie);
3 van langzaam naar snel schrijven: van slak naar haas (ritme en maat).

Vormconstantie
Nu volgen de tussenliggende stapjes voor de eerste programmering van het schrijfspel, de oriëntatie op groot en klein schrijven, van walvis naar muis:
a maak de letter nu eens groot;
b maak de letter nu eens klein;
c maak de letter nu eens tussen groot en klein in;
d maak de letter nu kleiner dan klein.

Begin met groot

Na elke letter die het kind binnen deze stapjes maakt, vergelijkt het de letter met de vorige letter(s) en beantwoordt daarbij de vraag: kies nu van alle grote en kleine letters de letter die jij het best op het voorbeeld vindt lijken. En vertel vooral waarom. Bij de mooiste letter zet het kind een puntje. Na iedere poging is het belangrijk dat er reflectie plaatsvindt over het resultaat. En welke letter vind je nu het mooist? Ook bij de tweede vergelijking zet het kind een puntje bij de mooiste letter. Bij de derde en laatste vergelijking tekent het een lachend poppetje of zonnetje bij de letter die het best gelukt is.

Kracht- en drukregulatie

U gaat vervolgens verder met de tweede programmering in het schrijfspel, de oriëntatie op zwaar en licht drukken, van nijlpaard naar mug. De tussenliggende stapjes zijn:

a maak de letter nu eens dik (vet);
b maak de letter nu eens dun (licht);
c maak de letter nu eens tussen dik en dun in;
d maak de letter nu dunner dan dun.

Een dikke letter

Per letter vindt weer reflectie plaats. U vraagt het kind: kies nu van alle dikke en dunne letters de letter die jij het best op het voorbeeld vindt lijken. En vertel vooral waarom. En welke vind je nu het mooist? Het kind vergelijkt weer per letter en zet uiteindelijk via puntjes een lachend gezichtje bij de letter die het zelf het mooist vindt.

Ritme en maat
Tot slot de derde programmering in het schrijfspel, de oriëntatie op langzaam en snel schrijven, van slak naar haas. De tussenliggende stapjes in deze oriëntatie zijn:
a maak de letter nu eens in zes tellen;
b maak de letter nu eens in vier tellen;
c maak de letter nu eens in twee tellen;
U telt steeds hardop mee. Het laatste stapje is een wedstrijdje tegen de klok. U vraagt het kind:
d maak zo veel mogelijk letters in zes tellen.
Na de zes tellen vraagt u: tel je letters en probeer je record te verbeteren. U telt dan weer tot zes. Ook hier speelt reflectie weer een belangrijke rol, want u vraagt na afloop: welke letter is het mooist? En: in welk ritme heb je het prettigst gewerkt? De antwoorden kunnen sterk van elkaar verschillen. Dit geeft u veel informatie over de motorische vaardigheid van het kind.

Door de drie verschillende oriëntaties wordt de motorprogrammering beter ingesteld. Door het wisselen van grootte wordt het kind uitgedaagd en wordt er een sterk beroep gedaan op het vormweten. Door het kleiner schrijven wordt er een beroep gedaan op het ballistisch bewegen. Door het kind dik en dun te laten schrijven met een potlood leert het omgaan met kracht- en drukregulatie. Door het schrijven in een lager en een hoger tempo leert het zich op een wisselende schrijftaak in te stellen en de schrijfbeweging te automatiseren.

Door de uitdagende aspecten in deze schrijfdidactiek (kun je nog kleiner, dunner, sneller?) leert het kind met plezier zijn mogelijkheden ontdekken. Dankzij dit motorische principe kan de natuurlijke motorische coördinatie zich soepel ontwikkelen. Er wordt continu een beroep gedaan op het bewegingsgevoel. Kinderen die van nature erg groot, met te veel druk of langzaam schrijven kunnen door de variatie van de oefeningen proberen bij het schrijven letters te leren verkleinen, de druk op het potlood te verminderen en sneller te schrijven.

Schrijfspel

2.3.5 Liniatuur

In *Schrijven leer je zo!* is gekozen voor een bijzondere aanpak van de liniatuur. Deze is namelijk in alle gevallen groter dan in bestaande schrijfmethoden. De meeste daarvan hanteren een liniatuur die voor de meeste kinderen te klein blijkt te zijn, wat remmend en frustrerend werkt: ze moeten veel bijsturen om hun individuele lettergrootte aan te passen aan de te smalle hulplijntjes van het schrijfschrift. Daarom krijgen ze in de liniatuur van *Schrijven leer je zo!* alle ruimte om ontspannen de letters te leren schrijven.

Verder hanteert *Schrijven leer je zo!* een unieke aanpak die de kinderen stapsgewijs leert tussen en op verschillende soorten liniatuur te schrijven. In veel schrijfmethoden moeten kinderen al heel snel in werkboekjes woordjes op één lijn schrijven. Dit blijkt vaak een onmogelijke opgave. Een verantwoorde opbouw is dan ook op zijn plaats, zodat de kinderen een ontspannen handschrift ontwikkelen.

In *Schrijven leer je zo!* worden de verschillende soorten liniatuur gestructureerd in volgorde van moeilijkheidsgraad aangeboden:
1 kleurenraster met vier lijntjes;
2 vier lijntjes zonder kleurenraster;
3 twee lijntjes;
4 één lijntje;
5 zonder lijntjes (in de groene balk).

De afbouw in liniatuur en daarmee de opbouw in moeilijkheidsgraad biedt een diagnostisch moment: u ziet per kind de vorderingen in het schrijfproces, te weten de verhouding in hoogte tussen romp- en stokletters en de spatiëring. Aan de hand van de vorderingen in dit schrijfproces en daarmee het gemak dat of de moeite die het kind heeft met een bepaalde liniatuur, kunt u via de lijnenschriftjes en de cd-rom liniatuur op maat aanbieden waarmee u het kind ondersteunt bij zijn overige schrijftaken.

Lucht en grond

In *Schrijven leer je zo!* schrijft het kind tussen kleurenrasters; dit is een noviteit die onnatuurlijk en verkrampt bewegen voorkomt. Het kind schrijft de romp van de kleine letters in de witstroken, de stok in het luchtvlak (blauw) en de staart in het grondvlak (groen). De sleutelwoorden 'lucht' en 'grond' geven het kind veel steun bij het leren automatiseren van de vorm van de letters. Een grondlijn (vet) op het groene raster biedt de steun die nodig is om op één lijn te schrijven. Het blauwe raster van de regel is voorzien van een nog dikkere bovenlijn.

Kleurenraster

Reflectie
Ook tijdens het werken met de kleurenrasters komt het reflectiemoment terug. U vraagt het kind: geef in iedere regel of na ieder blok aan welke letter of welk woord in jouw ogen het mooist is gelukt en teken er een vlaggetje of zonnetje bij.

Wanneer een kind in eerste instantie wordt geconfronteerd met deze manier van werken, zal het nog weinig verbale reflectie geven. Sommige kinderen zijn in staat om na een periode van oefenen een motorisch college te geven over de vormaspecten van de letter. Het werken met potlood is bij deze manier van werken verplicht. Het potlood geeft alle mogelijkheden om bij te sturen en op een soepele manier om te gaan met verschillende kleinmotorische opdrachten.

> *Zeg, Amber, waarom vind jij die letter het mooist?*
> *Nou, omdat bij deze letter het boogje mooi rond is.*

De liniatuur wordt vanaf groep 3 steeds kleiner. De hulplijntjes komen dichter bij elkaar te staan, waarbij de afstand tussen de tweede en de derde lijn (de twee dikkere lijnen) altijd het grootst is. In de hogere groepen kan nog steeds Blanco rasterschrift 3 met kleurenraster worden ingezet of de blanco lijnenschriftjes 3, 4 en 5 als het kind motorisch nog niet voldoende ontwikkeld is. Deze schriftjes kunnen ook in andere lessen gebruikt worden.

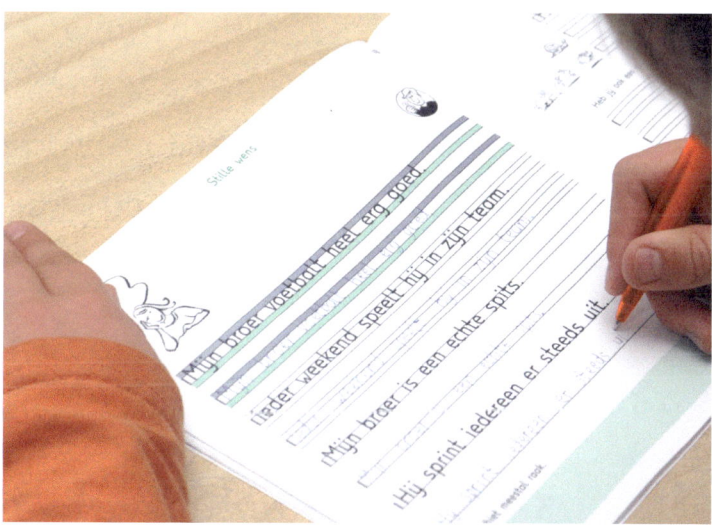
Verschillende soorten liniatuur

De Avondvierdaagse:

avondfierdagze
aron en tjeerd gingen haar
de nieuwe doelen en
ging naar de vest
daar ging justin ons pakken
en raoul kneep
in onze billen toen
zeidenen we Abc ik
kaper mee toen kapiermee
toen rennen
toen gingen we agter
de juf loopen en toen
ging we drinken

mark

aron, tjeerd

3 Opbouw van de methode

De methode *Schrijven leer je zo!* bestaat uit een scala van materialen en activiteiten waarmee het kind ontspannen kan leren schrijven. Ondanks automatisering en informatisering blijft vlot en leesbaar leren schrijven van belang. U kunt de leermiddelen gebruiken bij de voorbereiding, uitvoering en evaluatie van uw schrijflessen. Om uw werk als leerkracht efficiënt te kunnen organiseren treft u in dit hoofdstuk een overzicht aan van de leerdoelen, zodat u de opbouw ervan doorziet. Aan de hand van het overzicht kunt u een programma maken met de doelen die u op korte of lange termijn met de kinderen in uw groep wilt bereiken, en met de middelen en aanwijzingen die u ondersteunen om deze doelen te bereiken. De methode *Schrijven leer je zo!* werkt zowel met werkbladen als met schrijfschriften.

De werkbladen zijn meer gericht op kinderen met schrijfproblemen. De voordelen zijn vooral de meer uitgebreide en gestructureerde opbouw en het innovatieve gebruik van de oranje werkmap. Deze werkmap heeft een oranje-blauwe flap waarmee een deel van de les (de letter) afgedekt kan worden om kinderen zelf de letter te laten oefenen. Ze kunnen zelf controleren of ze de letter goed hebben geschreven door de flap terug te slaan. Daarnaast is het mogelijk om aan de werkmap extra werkbladen toe te voegen waarop kinderen extra kunnen oefenen.

De schrijfschriften hebben als voordeel dat deze gemakkelijker zijn in het gebruik, kleiner en handig op te bergen, en daarnaast ook lager in prijs dan de werkbladen en de werkmap. U kunt dus werken met de schrijfschriften (3A/B/C, 4A/B) of met de Werkbladen 3+4 en Schrijfschrift 4B. Eventueel kunnen beide middelen ingezet worden. Vanaf groep 5 zijn voor alle kinderen weer dezelfde schrijfschriften beschikbaar (5A/B en 6A/B); geen aparte werkbladen meer.
De keuze tussen werkbladen of schrijfschriften bepaalt de leerkracht zelf, aan de hand van de mogelijkheden van het kind.

3.1 Doelen en domeinen

Het doel van *Schrijven leer je zo!* is elk kind een goed leesbaar handschrift aan te leren dat er verzorgd uitziet en dat in een vlot tempo geschreven kan worden. Om hiernaartoe te werken moet u het schrijfgedrag en het schrijfresultaat regelmatig observeren. Halfjaarlijkse toetsingsmomenten met behulp van het leerlingvolgsysteem en letterdictees zijn vooral bedoeld om een beeld te krijgen van de voortgang in het schrijfleerproces van het individuele kind. Schrijven zegt immers meer.

Het schrijfonderwijs in *Schrijven leer je zo!* is er daarom op gericht dat het kind:
- op een ontspannen manier kan schrijven;
- zelfstandig en zonder methodevoorbeeld de kleine letters, hoofdletters en cijfers in blokschrift uit het hoofd leert schrijven;
- gedurende een bepaalde tijd in een vlot tempo kan schrijven;
- zelfstandig het eigen handschrift kan beoordelen op de kwaliteit ervan.

Het schrijfonderwijs krijgt in *Schrijven leer je zo!* per jaargroep andere accenten binnen de volgende drie domeinen:
- motorisch-technische vaardigheid;
- grafische vormgeving;
- versnelling schrijftempo.

3.2 Leerdoelen per groep

In de paragrafen hierna volgt een overzicht van de leerdoelen, per groep geordend.

3.2.1 Groep 1 en 2

Ontwikkelen van motoriek en voorbereidend schrijven:
- ontwikkelen van de grote en de kleine motoriek met gebruik van het programma en de materialen uit *Verder met schrijven;*
- aanleren van een goede zithouding, papierligging en potloodhantering met gebruik van het programma en de materialen uit *Verder met schrijven* en *Schrijven leer je zo!*;
- voorbereiden op het schrijven door middel van schrijfvormen.

3.2.2 Groep 3

Aanvankelijk schrijven:
- aanleren en inoefenen van een goede zithouding, papierligging en potloodhantering;
- bevorderen van de arm-, hand- en vingermotoriek;
- bevorderen van de oog-handcoördinatie;
- aanleren en inoefenen van letters, cijfers en leestekens;
- aanleren en inoefenen van het blokschrift;
- leren schrijven in kleurenrasters;
- kritisch beoordelen van het eigen handschrift en dat van anderen.

3.2.3 Groep 4

Aanvankelijk schrijven:
- schrijven met een goede zithouding, papierligging en potloodhantering;
- bevorderen van de arm-, hand- en vingermotoriek;
- inoefenen van het blokschrift;
- aanleren en inoefenen van de hoofdletters;
- schrijven van woorden en zinnen;

- kritisch beoordelen van het eigen handschrift en dat van anderen;
- leren schrijven in kleurenrasters en tussen vier lijnen.

3.2.4 Groep 5

Voortgezet schrijven:
- schrijven met een goede zithouding, papierligging en potloodhantering;
- bevorderen van de arm-, hand- en vingermotoriek;
- inoefenen van het blokschrift;
- schrijven van cijfers en leestekens;
- leren schrijven met behulp van verschillende liniatuur;
- schrijven van lange woorden en zinnen;
- kritisch beoordelen van het eigen handschrift en dat van anderen.

3.2.5 Groep 6

Voortgezet schrijven:
- kritisch beoordelen van het eigen handschrift en dat van anderen;
- automatiseren van het schrift;
- kennismaken met temposchrijven;
- schrijven van lange woorden.

3.2.6 Groep 7

Voortgezet en creatief schrijven:
- kritisch beoordelen van het eigen handschrift en dat van anderen;
- automatiseren van het schrift;
- schrijven op tempo;
- schrijven van lange woorden.

3.2.7 Groep 8

Voortgezet en creatief schrijven:
- kritisch beoordelen van het eigen handschrift en dat van anderen;
- automatiseren van het schrift;
- schrijven op tempo;
- schrijven van lange woorden en zinnen.

3.3 Leermiddelen per groep – Schrijven leer je zo!

De basis voor *Schrijven leer je zo!* is een pakket dat bestaat uit:
- Handleiding Schrijven leer je zo!
- Cd-rom Schrijven leer je zo!
- Cd-rom leerlingvolgsysteem SLJZ!
- Zo schrijf ik! Portfolioschrift SLJZ!

De handleiding, de cd-rom, het leerlingvolgsysteem en het portfolioschrift zijn nodig in alle groepen. Ze worden eenmalig aangeschaft met daarnaast leermiddelen per groep.

3.3.1 Groep 1 en 2

- Doebord met magnetische letters (verkrijgbaar bij Heutink)
- Kwinto stereobord (verkrijgbaar bij Heutink)
- Motokist met inhoud (verkrijgbaar bij Heutink)
- Programma, map en materialen uit *Verder met schrijven* (verkrijgbaar bij Heutink)
- *Schrijfkriebels*, handboek voor bewegingservaringen in het platte vlak; met cd

3.3.2 Groep 3

- Handleiding Schrijven leer je zo!
- Cd-rom Schrijven leer je zo!
- Cd-rom leerlingvolgsysteem SLJZ!
- Zo schrijf ik! Portfolioschrift SLJZ!

- Letter- en cijferkaart 3
- Schrijfschrift 3A
- Schrijfschrift 3B
- Schrijfschrift 3C
- Blanco lijnenschrift 3
- Blanco rasterschrift 3
- Scheurblok schrijfspel 3
- Doebord met magnetische letters (verkrijgbaar bij Heutink)
- Kwinto stereobord (verkrijgbaar bij Heutink)
- *Schrijfkriebels*
- Motokist (verkrijgbaar bij Heutink)
- Programma, map en materialen uit *Verder met schrijven* (verkrijgbaar bij Heutink)

3.3.3 Groep 4

- Handleiding Schrijven leer je zo!
- Cd-rom Schrijven leer je zo!
- Cd-rom leerlingvolgsysteem SLJZ!
- Zo schrijf ik! Portfolioschrift SLJZ!

- Letter- en cijferkaart 4
- Schrijfschrift 4A
- Schrijfschrift 4B
- Blanco lijnenschrift 4
- Scheurblok schrijfspel 3
- Letterkaart 4

- *Schrijfkriebels*
- Programma, map en materialen uit *Verder met schrijven* (verkrijgbaar bij Heutink)

3.3.4 Groep 5

- Handleiding Schrijven leer je zo!
- Cd-rom Schrijven leer je zo!
- Cd-rom leerlingvolgsysteem SLJZ!
- Zo schrijf ik! Portfolioschrift SLJZ!

- Schrijfschrift 5A
- Schrijfschrift 5B
- Blanco lijnenschrift 5

3.3.5 Groep 6

- Handleiding Schrijven leer je zo!
- Cd-rom Schrijven leer je zo!
- Cd-rom leerlingvolgsysteem SLJZ!
- Zo schrijf ik! Portfolioschrift SLJZ!

- Schrijfschrift 6A
- Schrijfschrift 6B

3.3.6 Groep 7

- Handleiding Schrijven leer je zo!
- Cd-rom Schrijven leer je zo!
- Cd-rom leerlingvolgsysteem SLJZ!
- Zo schrijf ik! Portfolioschrift SLJZ!

- Schrijfmix 7 en 8

3.3.7 Groep 8

- Handleiding Schrijven leer je zo!
- Cd-rom Schrijven leer je zo!
- Cd-rom leerlingvolgsysteem SLJZ!
- Zo schrijf ik! Portfolioschrift SLJZ!

- Schrijfmix 7 en 8

3.4. Leermiddelen per groep – Schrijven leer je zo! Plus

3.4.1 Groep 1 en 2

- *Schrijfkriebels*

Optioneel
- Doebord met magnetische letters (verkrijgbaar bij Heutink)
- Kwinto stereobord (verkrijgbaar bij Heutink)
- Motokist met inhoud (verkrijgbaar bij Heutink)
  Programma, map en materialen uit *Verder met schrijven* (verkrijgbaar bij Heutink)

3.4.2 Groep 3 Plus

- Handleiding Schrijven leer je zo!
- Cd-rom Schrijven leer je zo!
- Cd-rom leerlingvolgsysteem SLJZ!
- Zo schrijf ik! Portfolioschrift SLJZ!

- Letter- en cijferkaart 3
- Bewaarmap
- Werkmap
- Werkbladen 3
- Scheurblok schrijfspel 3
- Blanco rasterscheurblok 3
- Schrijfschrift Plus
- Zo schrijf ik! Portfolioschrift SLJZ!

Optioneel
- Doebord met magnetische letters (verkrijgbaar bij Heutink)
- Kwinto stereobord (verkrijgbaar bij Heutink)
- *Schrijfkriebels*
- Motokist met inhoud (verkrijgbaar bij Heutink)
- Programma, map en materialen uit *Verder met schrijven* (verkrijgbaar bij Heutink)

3.4.3 Groep 4 Plus

- Handleiding Schrijven leer je zo!
- Cd-rom Schrijven leer je zo!
- Cd-rom leerlingvolgsysteem SLJZ!
- Zo schrijf ik! Portfolioschrift SLJZ!

- Werkbladen 4
- Blanco rasterscheurblok
- Scheurblok schrijfspel
- Letterkaart 4

- *Schrijfkriebels*
- Programma, map en materialen uit *Verder met schrijven* (verkrijgbaar bij Heutink)

3.4.4 Groep 5

- Handleiding Schrijven leer je zo!
- Cd-rom Schrijven leer je zo!
- Cd-rom leerlingvolgsysteem SLJZ!
- Zo schrijf ik! Portfolioschrift SLJZ!

- Schrijfschrift 5A
- Schrijfschrift 5B
- Blanco lijnenschrift 5

3.4.5 Groep 6

- Handleiding Schrijven leer je zo!
- Cd-rom Schrijven leer je zo!
- Cd-rom leerlingvolgsysteem SLJZ!
- Zo schrijf ik! Portfolioschrift SLJZ!

- Schrijfschrift 6A
- Schrijfschrift 6B

3.4.6 Groep 7

- Handleiding Schrijven leer je zo!
- Cd-rom Schrijven leer je zo!
- Cd-rom leerlingvolgsysteem SLJZ!
- Zo schrijf ik! Portfolioschrift SLJZ!

- Schrijfmix 7 en 8

3.4.7 Groep 8

- Handleiding Schrijven leer je zo!
- Cd-rom Schrijven leer je zo!
- Cd-rom leerlingvolgsysteem SLJZ!
- Zo schrijf ik! Portfolioschrift SLJZ!

- Schrijfmix 7 en 8

f

de fiets
de fietspomp

de vijf
duif
waf
flap
de zeef
fel
fop

4 Schrijven in groep 3

De methode *Schrijven leer je zo!* start met het aanvankelijk schrijven in groep 3. In de volgende hoofdstukken worden de leermiddelen besproken en krijgt u suggesties aangereikt voor de lesinhoud. *Schrijven leer je zo!* (de schrijfschriften als basis) en *Schrijven leer je zo! Plus* (werkbladen als basis) worden behandeld in aparte hoofdstukken: achtereenvolgens Schrijven in groep 3 en Schrijven in groep 3 Plus, Schrijven in groep 4 en Schrijven in groep 4 Plus. Vanaf groep 5 heeft elk leerjaar weer één eigen hoofdstuk. Alle hoofdstukken (4 tot en met 9) beginnen met een overzicht van de leerdoelen en de leermiddelen die u kunt inzetten. Deze overzichten zijn een herhaling van het (totaal) overzicht in hoofdstuk 3 Opbouw van de methode.

4.1 Leerdoelen en leermiddelen

4.1.1 Leerdoelen

Aanvankelijk schrijven:
- aanleren en inoefenen van een goede zithouding, papierligging en potloodhantering;
- bevorderen van de arm-, hand- en vingermotoriek;
- bevorderen van de oog-handcoördinatie;
- aanleren en inoefenen van letters, cijfers en leestekens;
- aanleren en inoefenen van het blokschrift;
- leren schrijven tussen kleurvlakken (kleurrasters);
- kritisch beoordelen van het eigen handschrift en dat van anderen.

4.1.2 Leermiddelen

- Handleiding Schrijven leer je zo!
- Cd-rom Schrijven leer je zo!
- Cd-rom leerlingvolgsysteem SLJZ!
- Zo schrijf ik! Portfolioschrift SLJZ!

- Schrijfschrift 3A
- Schrijfschrift 3B
- Schrijfschrift 3C
- Blanco rasterschrift 3
- Blanco lijnenschrift 3
- Scheurblok schrijfspel 3 (voor als extra oefenen met het schrijfspel zinvol is)
- Letter- en cijferkaart 3
- *Schrijfkriebels*

- Doebord
- Kwinto stereobord (verkrijgbaar bij Heutink)
- Kwinto motokist met inhoud (verkrijgbaar bij Heutink)
- Programma, map en materialen uit *Verder met schrijven* (verkrijgbaar bij Heutink)

4.2 Handleiding Schrijven leer je zo!

De handleiding is geheel geactualiseerd in 2010. U heeft hem al in uw hand.

4.3 Cd-rom Schrijven leer je zo!

De cd-rom bij *Schrijven leer je zo!* is bedoeld ter ondersteuning van het zelfstandig leren schrijven van kleine letters, hoofdletters en cijfers. Dankzij het programma kunt u het schrijfonderwijs in uw groep volledig individualiseren en, indien gewenst, adequaat laten aansluiten op de leesmethode. De aanpak in het programma sluit naadloos aan op de schrijfschriften en werkbladen.

De mogelijkheden van het programma zijn de volgende.
- U kunt het schrijven van de letters en cijfers met animaties laten zien op het scherm. Het kind hoort de klank, gekoppeld aan een begrip. Bijvoorbeeld de b van boot.
- U kunt ook eigen teksten invoeren en deze op vier soorten werkbladen (verschillende liniatuur) afdrukken.
- U kunt zelf woordkaartjes maken en afdrukken met woorden uit de leesmethode.
- Met het letterspel oefent het kind op een speelse manier de letterherkenning. Het eindresultaat wordt op het scherm getoond. U kunt zien welke letters het kind nog niet zo goed herkent.
- De bewegingstussendoortjes waarmee tijdens het schrijven even een moment van ontspanning wordt ingebracht en aanwijzingen voor een goede zithouding zijn opgenomen.
- (Stippen)test voor bepaling schrijfrijpheid van het kind.
- Materiaal voor het digitale schoolbord, touchscreen en tekentablet.

U kunt het lettertype van *Schrijven leer je zo!* importeren in uw tekstverwerker. U kunt op die manier de woorden uit de leesmethode afdrukken in het blokschrift van de schrijfmethode.

4.4 Cd-rom leerlingvolgsysteem SLJZ!

Om inzicht te krijgen in de ontwikkelingsmogelijkheden van het kind is het belangrijk om de ontwikkeling van het schrijven te volgen. Het hiervoor ontworpen leerlingvolgsysteem bestaat uit twee onderdelen. Het eerste is de Cd-rom leerlingvolgsysteem SLJZ!, het tweede is het Zo schrijf ik! Portfolioschrift SLJZ!

In dit programma worden de gesignaleerde schrijfproblemen bij de leerlingen genoteerd. Het programma biedt daarvoor observatie- en registratielijsten gekoppeld aan de toetsopdrachten in het portfolioschrift. Uitgangspunt is dat de leerkracht in zeer korte tijd de groep en de individuele leerlingen screent op schrijfproblemen en tegelijk de mogelijkheid krijgt voor het plannen van verbeteringen.

Het computerprogramma biedt onder meer:
1 overzicht van schrijfproblemen op groepsniveau;
2 aanwijzingen voor verbetering van knelpunten bij het schrijven in de groep;
3 inzicht in het ontstaan en verloop van schrijfproblemen bij de leerlingen;
4 individuele overzichten en mogelijkheden voor remediëring;
5 hulp bij de rapportage aan ouders en collega's;
6 groepsoverstijgende overzichten voor het verloop van de schrijfontwikkeling gedurende de hele basisschool per leerling.

Samen met het portfolioschrift waarin alle toetsen worden bewaard, vormt het computerprogramma een stevige basis voor het volgen van de schrijfontwikkeling en versterking van het schrijfonderwijs

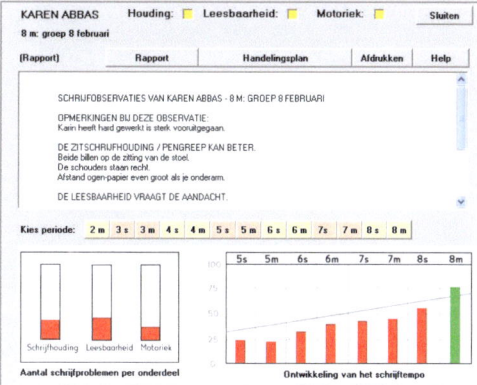

Pagina uit het leerlingvolgsysteem

4.5 Zo schrijf ik! Portfolioschrift SLJZ!

Om inzicht te krijgen in de ontwikkelingsmogelijkheden van het kind is het belangrijk om de ontwikkeling van het schrijven te volgen. Het hiervoor ontworpen leerlingvolgsysteem bestaat uit twee onderdelen. Het Zo schrijf ik! Portfolioschrift SLJZ! en de Cd-rom leerlingvolgsysteem SLJZ!

Tweemaal per jaar werkt de leerling in dit schrift: de zorgvuldig gekozen opdrachten garanderen dat hiermee een duidelijk beeld van het schrijfniveau ontstaat. Hetzelfde schrift gaat gedurende de hele basisschool met de leerling mee. Zo ontstaat een belangrijk document over de longitudinale ontwikkeling van het handschrift. De toetsen die in oktober en februari worden afgenomen zijn tegelijk een basis voor de signalering en registratie van schrijfproblemen bij de groep en de individuele leerling. Omdat op deze wijze elke leerkracht een bijdrage levert, ontstaat een duidelijk beeld van problemen uit vorige leerjaren en de toen gekozen oplossingen. Door deze werkwijze wordt de zorgverbreding bij het schrijfonderwijs een aangelegenheid voor het hele team.

Instructies bij het portfolioschrift, voor de leerkracht, vindt u op de Cd-rom leerlingvolgsysteem SLJZ! en op de website www.schrijvenleerjezo.nl.

4.6 Algemene informatie over Schrijfschriften 3A, 3B en 3C

4.6.1 Verkeerslichtletter[1]

De leerling ziet de verkeerslichtletter in de ballonnetjes. U geeft de opdracht de letter na te tekenen en/of te schrijven. Het verkeerslichtsysteem helpt de leerling daarbij. In het eerste ballonnetje is de letter voorzien van verkeerslichten; het laatste ballonnetje heeft geen verkeerslichten. Op deze wijze kan de leerling zich oriënteren op het bewegingsverloop van de letter.

U wijst de kinderen op het voorbeeld van de letter. U vertelt de kinderen dat ze met behulp van de verkeerslichten kunnen zien wat de juiste schrijfrichting van de letter is: bij het grote groene verkeerslicht begin je met de letter, bij het gele verkeerslicht ga je terug en bij het rode verkeerslicht stop je. Eerst de grote verkeerslichten, dan de kleine. Vraag de kinderen met de wijsvinger de bewegingsrichting van de letter op het blad te volgen.

4.6.2 Schrijfspel

Na het verinnerlijken van de bewegingsrichting kan het kind alle aandacht richten op het afleggen van een goed traject en de ideale vorm. Het schrijfspel biedt drie oriëntaties binnen de motorprogrammering. Het kind gaat zich via het schrijfspel in drie stapjes oriënteren:
1 van groot naar klein schrijven: van walvis naar muis (vormconstantie);

---

[1] Waar hier en in deze hele paragraaf 4.2 'letter' staat, kan ook vorm of cijfer bedoeld zijn, afhankelijk van in welk schrijfschrift de leerling aan het werk is. In Schrijfschrift 3A komen bijvoorbeeld nog geen letters aan bod!

2 van zwaar naar licht drukken: van nijlpaard naar mug (kracht- en drukregulatie);
3 van langzaam naar snel schrijven: van slak naar haas (ritme en maat).

De kinderen mogen steeds kijken naar de boven weergegeven letter. Spieken mag, het moet prikkelen. Het is een spel van kijken en de letter proberen te maken. U vraagt de kinderen ter afwisseling het voorbeeld met de hand te verbergen en de letter met potlood in de daarvoor bestemde vakjes te schrijven. Na iedere poging vraagt u te reflecteren op het resultaat: Klaar? Kijk terug! Gelukt?

Van walvis naar muis – eerste regel: vormconstantie
Geef de kinderen de volgende opdrachten (ze werken met potlood):
1 Maak de letter nu eens groot.
2 Maak de letter nu eens klein.
3 Welke letter vind je het mooist? Zet daar een stipje bij.
4 Maak de letter nu eens tussen groot en klein in.
5 Welke letter vind je nu het mooist? Zet daar een stipje bij.
6 Maak de letter nu kleiner dan klein.
7 Vergelijk de letters en kies nu die letter die jij het best op het voorbeeld vindt lijken.
Zet een lachend poppetje of zonnetje bij die letter.

Van nijlpaard naar mug – tweede regel: kracht- en drukregulatie
Geef de kinderen de volgende opdrachten:
1 Maak de letter nu eens dik (vet, duwen op het potlood).
2 Maak de letter nu eens dun (licht).
3 Welke letter vind je het mooist? Zet daar een stipje bij.
4 Maak de letter nu eens tussen dik en dun in.
5 Welke letter vind je nu het mooist? Zet daar een stipje bij.
6 Maak de letter nu dunner dan dun.
7 Vergelijk de letters en kies nu die letter die jij het best op het voorbeeld vindt lijken.
Zet een lachend poppetje of zonnetje bij die letter.

Van slak naar haas – derde regel: ritme en maat
Geef de kinderen de volgende opdrachten:
1 Maak de letter nu eens in zes tellen (u telt hardop mee).
2 Maak de letter nu eens in vier tellen (u telt hardop mee).
3 Maak de letter nu eens in twee tellen (u telt hardop mee).
4 Maak zo veel mogelijk letters in zes tellen (u telt hardop mee).
5 Tel je letters.
6 Probeer je record te verbeteren (in het grijze vlak). U telt weer tot zes, maar iets langzamer dan in de vorige opdracht. Er volgt een wedstrijdje tegen de klok.
7 Welke letter is het mooist? Zet er een lachend gezichtje bij en vertel waarom deze het mooist is.
8 In welk ritme heb je het prettigst gewerkt?

4.6.3 Bewegingstussendoortje

Doe samen met de kinderen het bewegingstussendoortje. Het speels doen van bewegingstussendoortjes bevordert de motorische ontwikkeling en beïnvloedt daardoor het uiteindelijke schrijfresultaat. Op de cd-rom staan filmpjes van de bewegingstussendoortjes.

4.6.4 Zithouding met kijkpunten

Controleer de zithouding aan de hand van de aangegeven kijkpunten voor in het schrijfschrift. De uitvergroting van de kijkpunten dient als uitleg van de juiste houding. Voor het bespreken van de kijkpunten zijn er twee opties.
- U zegt vooraf op welke kijkpunten de kinderen gaan letten.
- Na afloop van de oefeningen kleurt het kind zelfstandig de kijkpunten in, waarbij:
  - groen betekent: het lukt heel goed;
  - geel betekent: het lukt nog niet helemaal goed;
  - rood betekent: het lukt nog niet goed.

4.6.5 Kleurenrasters

Vraag de kinderen de pagina met de kleurenrasters voor zich te nemen.
Geef bij elke regel de juiste instructie.
Regel 1: Kijk naar de letter die je gaat schrijven (beslist niet overtrekken!). Kijk goed naar de groene, de witte en de blauwe balk. Welk stukje van de letter staat in de groene balk, welk in de witte en welk in de blauwe?
Regel 2: Schrijf de voorbeeldletter over. Begin steeds bij het groene puntje. Welke letter vind je het mooist? Zet een lachend gezichtje bij de mooiste letter.
Regel 3: Idem als regel 2. Zet weer een lachend gezichtje bij de mooiste letter.
Regel 4: Schrijf nu zelf de letter. Zet eerst zelf een puntje waar je met elke letter begint (niet meer dan tien letters op één regel).
Vraag de juf of meester welke letter hij of zij het mooist vindt. Vraag dit ook aan een kind uit je groep. Vraag ook waarom ze die letter het mooist vinden.

4.6.6 Vier lijnen

Vraag de kinderen de pagina met de vier lijnen voor zich te nemen (deze komen voor in Schrijfschrift 3C).
Geef bij elke regel de juiste instructie.
Regel 1: Kijk naar de letter die je gaat schrijven (beslist niet overtrekken!). Kijk goed naar de verdeling van de lijnen. Welk stukje van de letter staat in welke lijn?
Regel 2: Schrijf de voorbeeldletter over. Begin steeds bij het groene puntje. Welke letter vind je het mooist? Zet een lachend gezichtje bij de mooiste letter.
Regel 3 en 4 (tweede blok): Schrijf nu zelf de letter. Zet eerst zelf een puntje waar je met elke letter begint (niet meer dan tien letters op één regel).
Vraag de juf of meester welke letter hij of zij het mooist vindt. Vraag dit ook aan een kind uit je groep. Vraag ook waarom ze die letter het mooist vinden.

4.7 Schrijfschrift 3A

Schrijfschrift 3A is het eerste schrijfschrift voor groep 3. De kinderen beginnen met het schrijven van voorbereidende vormen en cijfers.
Elke vorm of elk cijfer wordt op twee pagina's aangeboden. De linkerpagina bestaat uit een illustratieve weergave van het denkproces van het kind, dat een vorm of cijfer met behulp van het verkeerslichtsysteem leert tekenen of schrijven. In ballonnetjes wordt weergegeven hoe de vorm of het cijfer zich motorisch via het geheugen vormt.
Elke twee pagina's bestaan uit opdrachten die als volgt zijn opgebouwd:
1 de letter volgen in de ballonnen;
2 het schrijfspel;
3 het bewegingstussendoortje;
4 de zithouding met kijkpunten;
5 voorbeeldregel tien cijfers tussen een kleurenraster;
6 twee lege kleurenrasterregels met groene startpunten;
7 één lege kleurenrasterregel zonder groene startpunten.

Schrijfschrift 3A

Let op! De vormen lopen op in moeilijkheidsgraad. Het is verstandig frustratie te voorkomen en bij de eerste vorm te beginnen. De laatste vorm is ook de moeilijkste. Met welk cijfer u begint, hangt af van uw didactische benadering.

4.8 Schrijfschrift 3B

Schrijfschrift 3B is het tweede schrijfschrift voor groep 3. De kinderen beginnen met het schrijven van de kleine letters.
Elke letter wordt op twee pagina's aangeboden. De linkerpagina bestaat uit een illustratieve weergave van het denkproces van het kind, dat een letter met behulp van het verkeerslichtsysteem leert schrijven. In ballonnetjes wordt weergegeven hoe de letter zich motorisch via het geheugen vormt.

Elke twee pagina's bestaan uit opdrachten die als volgt zijn opgebouwd:
1 de letter volgen in de ballonnen;
2 het schrijfspel;
3 het bewegingstussendoortje;
4 de zithouding met kijkpunten;
5 voorbeeldregel tien letters tussen een kleurenraster;
6 twee lege kleurenrasterregels met groene startpunten;
7 één lege kleurenrasterregel zonder groene startpunten.

Met welke letter u begint, hangt af van uw didactische benadering.

Bewegingstussendoortje

4.9 Schrijfschrift 3C

Schrijfschrift 3C is het derde schrijfschrift voor groep 3. De kinderen beginnen met het schrijven van de kleine letters en de tweeklankletters tussen kleurenrasters en vier lijnen. Elke letter wordt op twee pagina's aangeboden. De linkerpagina bestaat uit een illustratieve weergave van het denkproces van het kind, dat een letter met behulp van het verkeerslichtsysteem leert schrijven. In ballonnetjes wordt weergegeven hoe de letter zich motorisch via het geheugen vormt.

Elke twee pagina's bestaan uit opdrachten die als volgt zijn opgebouwd:
1 de letter volgen in de ballonnen;
2 voorbeeldregel tien letters tussen een kleurenraster;
3 drie lege kleurenrasterregels met groene startpunten;
4 vijf lege kleurenrasterregels zonder groene startpunten;
5 het bewegingstussendoortje;
6 de zithouding met kijkpunten;
7 voorbeeldregel tien letters tussen vier lijnen;
8 één lege regel met vier lijnen met groene startpunten;
9 twee lege regels met vier lijnen zonder groene startpunten.

Met welke letter u begint, hangt af van uw didactische benadering.

4.10 Blanco rasterschrift 3

Blanco rasterschrift 3 biedt extra mogelijkheden om te oefenen in het kleurenraster. U kunt het de kinderen ook in taallessen aanbieden. Tijdens het aanvankelijk schrijven blijft het gestructureerd opbouwen van de lettervormen met behulp van de rasters van groot belang.

Ook voor remediëring in de hogere groepen kan nog steeds Blanco rasterschrift 3 worden ingezet. De rasters bieden een goede didactische steun om de letters en woorden in de juiste grootte en hoogte te leren schrijven.

4.11 Blanco lijnenschrift 3

Heeft een kind de steun van het kleurenraster niet meer nodig, dan kunt u het Blanco lijnenschrift 3 aanbieden. De hulplijnen en het startblokje bieden ondersteuning bij het starten met schrijven en een goede oriëntatie bij het bepalen van de grootte van de romp en de lengte van de stokken en staarten. Het blanco lijnenschrift wordt ingezet wanneer het schrijven tussen de kleurenrasters geen problemen meer oplevert.
U kunt dit schrift ook gebruiken in taallessen.

Soms blijken kinderen met schrijf-problemen de steun van de hulplijntjes ook in de hogere groepen nog nodig te hebben. Afhankelijk van hun motorische vaardigheid kunt u deze kinderen de Blanco lijnenschriften 3, 4 en 5 aan-reiken.

Tussen lijnen

4.12 Scheurblok schrijfspel 3

Scheurblok schrijfspel 3 is een extra scheurblok voor groep 3 en eventueel groep 4 om te oefenen in het schrijfspel. Dit extra scheurblok is bedoeld voor kinderen die moeite hebben met het verinnerlijken van de bewegingsrichting.
Met behulp van het schrijfspel kan het kind alle aandacht richten op het afleggen van een goed traject en de ideale vorm.
Het schrijfspel biedt drie oriëntaties binnen de motorprogrammering:
1 van groot naar klein schrijven: van walvis naar muis (vormconstantie);
2 van zwaar naar licht drukken: van nijlpaard naar mug (kracht- en drukregulatie);
3 van langzaam naar snel schrijven: van slak naar haas (ritme en maat).

4.13 Letter- en cijferkaart 3

Alle letters, cijfers en leestekens uit *Schrijven leer je zo!* zijn overzichtelijk weergegeven op een stevige kaart op A4-formaat. De kinderen kunnen deze kaart tijdens de schrijf-lessen en ook tijdens andere lessen raadplegen. Ze zien dan precies hoe ze de verschil-lende letters, cijfers en tekens moeten schrijven. De tekens zijn op de ene zijde van de kaart in het blauw-groene kleurenraster geplaatst, waardoor de kinderen eenvoudig de positionering van de tekens kunnen terugvinden. Op de andere zijde staan de tekens los, zonder liniatuur. De verkeerslichten zijn helder aangegeven zodat de kinderen de bewegingsrichting herkennen.

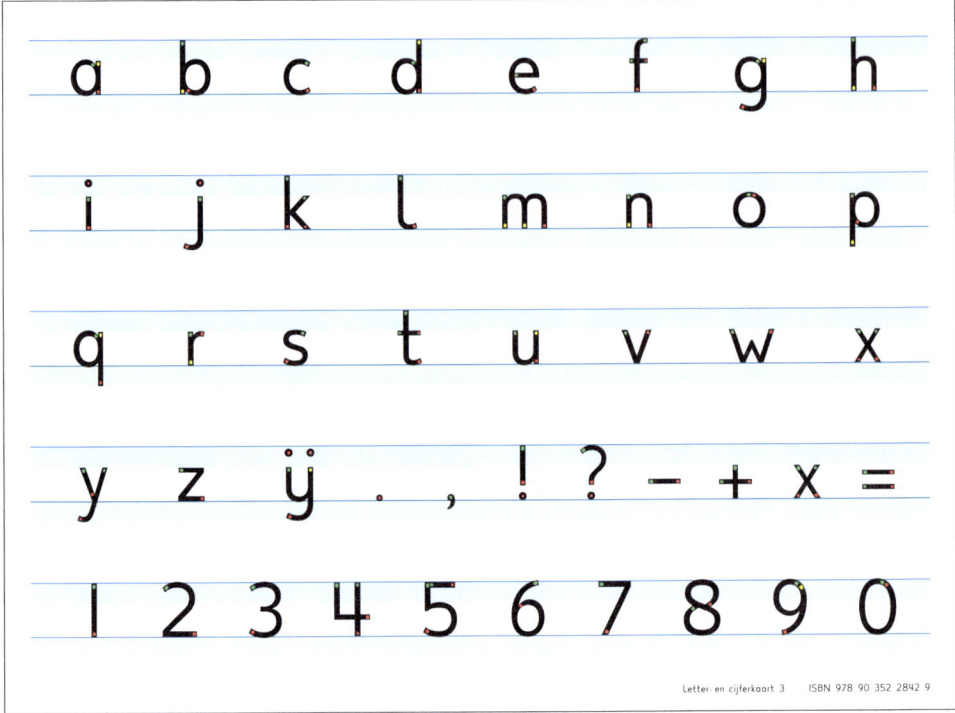

Letter- en cijferkaart 3

4.14 Schrijfkriebels

Schrijfkriebels is een praktisch boek waarin leerkrachten een leidraad vinden om kinderen ervaringen op te laten doen in het bewegen in het platte vlak. Dit boek is bedoeld voor de onderbouw van zowel regulier als speciaal basisonderwijs. Het is een voorbereiding op het schrijven, om problemen te voorkomen en als schrijfremediëring.

Kinderen kunnen zich in hun eigen tempo de schrijfbewegingen eigen maken en deze door herhaling automatiseren. Dit heeft een positief effect op de verdere schrijfontwikkeling.

Het boek bestaat uit een theorie- en een praktijkgedeelte. De theorie wordt vertaald naar de praktijk aan de hand van speelse oefeningen, die in acht thema's zijn ondergebracht. Omdat het gaat om thema's die voor de onderbouw gebruikelijk zijn, kunnen de oefeningen gemakkelijk in het leerprogramma worden geïntegreerd. De oefeningen in het praktijkdeel zijn vooral procesgericht. Het gaat niet primair om het resultaat, maar om de bewegingservaringen van het kind.

Bij het boek ontvangt u een cd met muziek en liedjes die de oefeningen ondersteunen.

4.15 Doebord met magnetische letters

Het Doebord is een demonstratie- en instructiebord, ontwikkeld door Nienhuis Educational. Het fungeert als whiteboard (de kinderen kunnen erop schrijven) en als magnetisch bord (de kinderen kunnen er letters op plaatsen). Op het bord staan twee grote blauw-groene kleurenrasters afgebeeld. Een grondlijn (vet) in het groene raster biedt steun voor het schrijven op één lijn. Het blauwe raster is voorzien van een nog dikkere bovenlijn. De groene puntjes bij het begin van de regel geven de steun voor het starten met het schrijven van links naar rechts.

Bij het bord wordt een letter- en cijferkist geleverd. Daarin treft u de magneetletters en -cijfers, voorzien van verkeerslichten. De kinderen kunnen de magneetletters en -cijfers zelf tussen de kleurenrasters op het doebord plaatsen. Ze worden zo actief betrokken bij het samenstellen van letters en cijfers in gewenste woorden en/of zinnetjes. Dit is een uitstekende vorm voor het prikkelen van ontluikende geletterdheid. De kinderen kunnen de letters goed zien en weten al snel met behulp van de verkeerslichten hoe de bewegingsrichting is. Aan de hand van voorbeelden daagt u ze uit zelf letters op het bord te plaatsen. Het samenstellen van de eigen naam met behulp van de magneetletters en het naschrijven ervan met een stift tussen de kleurenrasters is voor de meeste kinderen een leerzame ervaring.

Doebord

4.16 Kwinto stereobord

Jonge kinderen hebben ruimte nodig om zich te kunnen bewegen, zeker als het gaat om de schrijfbeweging. Het is goed om materiaal aan te bieden dat bij hen past, zoals grote vellen papier waarop vrije, grote bewegingstekeningen gemaakt kunnen worden met vingerverf, stiften of krijt. Het Kwinto stereobord is vanuit deze visie ontwikkeld en geeft daarvoor de ruimte: een transparant whiteboard waar met stiften op getekend mag worden. Het werken met het Kwinto stereobord levert veel bewegingservaringen op waarmee de overgang van groot tekenen naar klein schrijven zo gemakkelijk mogelijk wordt gemaakt. De kinderen oefenen verschillende vaardigheden zoals ruimtelijke oriëntatie, oog-handcoördinatie en motoriek van hand en vingers. Door de teken- c.q. schrijfbeweging ontspannen te laten maken, wordt voorkomen dat kinderen te snel uitvallen tijdens het schrijfproces. Wanneer het kind of de leerkracht aan de ene kant van het bord iets tekent, kan aan de andere kant de tekening nagemaakt worden.

Het Kwinto stereobord bestaat uit:
− een beukenhouten bord met een transparant schrijfoppervlak, waarop met speciale stiften getekend kan worden;
− twee whiteboardmarkers;
− een handleiding.
(Verkrijgbaar bij Heutink.)

Stereobord

4.17 Kwinto motokist

De Kwinto motokist is een multifunctionele kist boordevol spelletjes voor de motoriek. Door middel van eenvoudige bewegingsspelletjes worden de kleinmotorische vaardigheden getraind. De hoofddoelstelling van deze kist is het ontwikkelen van de kleine motoriek als voorbereiding op het schrijven. Specifieke doelstellingen zijn: het stimuleren van de mobiliteit en functie van vingers en handen, de ontwikkeling van de voorkeurshand tot schrijfhand, ontspannen schrijfbeweging, ruimtelijke oriëntatie, concentratie, plezier in bewegen en oog-handcoördinatie.
De deksel van de kist is van doorzichtig, beschrijfbaar kunststof, waar voorbeeldkaarten of A4-vellen met patronen naar eigen keuze onder gelegd kunnen worden.

De Kwinto motokist is een beukenhouten kist (310 x 210 x 100 mm) met als inhoud: een jojo, een zachte bal, een tol, een stift met wisser, een draaischijf met touw, een vangplank, een vangdop, een zandloper, een vlooienspel, mikado, een ronde kaart met puntenverdeling, een doos met fiches, drie schrijfkaarten, vijftig kubussen in een doos, acht opdrachtkaarten, drie pionnen en een handleiding.
(Verkrijgbaar bij Heutink.)

Motokist

4.18 Programma, map en materialen uit *Verder met schrijven*

In het programma *Verder met schrijven* staan schrijf- en spelbeweging centraal. Het programma kiest bewust voor een speelse aanpak. Het kan gebruikt worden naast en in aanvulling op bestaande schrijfmethoden, ter voorkoming van problemen. Het programma biedt meer dan honderd oefeningen (energizers), waardoor indirect aandacht wordt besteed aan een goede schrijfhouding en beweging. De speelse oefeningen bevorderen de motorische ontwikkeling, beïnvloeden het schrijfproces en uiteindelijk het schrijfresultaat, zodat kinderen sneller en leesbaar leren schrijven.
(Verkrijgbaar bij Heutink.)

5 Schrijven in groep 3 Plus

Schrijven leer je zo! biedt voor de groepen 3 en 4 een aparte leerlijn voor de zwakke schrijvers: *Schrijven leer je zo! Plus. Schrijven leer je zo! Plus* heeft de werkbladen als basis.

5.1 Leerdoelen en leermiddelen

5.1.1 Leerdoelen

Aanvankelijk schrijven:
- aanleren en inoefenen van een goede zithouding, papierligging en potloodhantering;
- bevorderen van de arm-, hand- en vingermotoriek;
- bevorderen van de oog-handcoördinatie;
- aanleren en inoefenen van letters, cijfers en leestekens;
- aanleren en inoefenen van het blokschrift;
- leren schrijven tussen kleurvlakken (kleurrasters);
- kritisch beoordelen van het eigen handschrift en dat van anderen.

5.1.2 Leermiddelen

- Handleiding Schrijven leer je zo!
- Cd-rom Schrijven leer je zo!
- Cd-rom leerlingvolgsysteem SLJZ!
- Zo schrijf ik! Portfolioschrift SLJZ!

- Werkbladen 3
- Letter- en cijferkaart 3 (een per leerling)
- Bewaarmap (blauw)
- Werkmap (oranje)
- Scheurblok schrijfspel 3
- Blanco rasterscheurblok 3
- Schrijfschrift Plus

Optioneel
- Doebord met magnetische letters (verkrijgbaar bij Heutink)
- Kwinto stereobord (verkrijgbaar bij Heutink)
- *Schrijfkriebels*
- Motokist (verkrijgbaar bij Heutink)
- Programma, map en materialen uit *Verder met schrijven* (verkrijgbaar bij Heutink)

5.2 Opbouw Werkbladen 3

De kinderen werken vanuit de oranje Werkmap, die u vult met de aangeboden letters[1] (en voorbereidende vormen en cijfers) uit de blauwe Bewaarmap. U ververst steeds de inhoud van de werkmap; er zitten alleen materialen in waarmee de kinderen op dat moment werken. Het is handig om de werkmappen in een krat te verzamelen. Daarin kunnen ze rechtop staan (op een stapel glijden ze van elkaar). Plak een etiket met de naam van het kind op de rugzijde van elke map, dan kunt u de map meteen pakken als het kind erom vraagt.

Elke letter wordt in een setje werkbladen aangeboden. Elke set bestaat uit zes bladen die als volgt zijn opgebouwd:
1 het woordweb;
2 het letterblad met een verkeerslichtletter en een bewegingstussendoortje;
3 het schrijfspel;
4 de zithouding met kijkpunten;
5 het oefenblad;
6 herhaling van de zithouding en het bewegingstussendoortje.

Met welke letter u begint, hangt af van uw didactische benadering. U kunt op drie manieren de schrijfmethode gebruiken.
1 U gaat uit van een leesmethode. U kiest voor de letter die aansluit op de letter die de kinderen hebben leren lezen.
2 U gaat uit van ontwikkelingsgericht onderwijs met betekenisvolle contexten. Welk woord of welke letter wil het kind leren schrijven?
3 U gaat uit van de schrijfmethode. Dan begint u met de eerste letter uit de methode. De letters worden in volgorde van motorische moeilijkheid aangeboden: de makkelijkste letter als eerste. Deze letter staat bovenin links in de lijst met letters.

5.2.1 Woordweb – blad 1

1 Hang de letter op het doebord.
2 Geef de kinderen het setje van de letter. Ze stoppen het setje in hun oranje werkmap.
3 Zoek samen met de kinderen de letter op aan de linkerzijde van het blad. De letter staat in het rood onderscheiden. De letter wordt gezocht op het woordwebblad, dit is het voorblad met de lichtblauwe rand.
4 Vraag de kinderen een tekening te maken van iets met de aangeboden letter. Gaat u uit van een leesmethode, dan kunt u de kinderen vragen het sleutelwoord/globaalwoord te tekenen.
5 Vervolgens kunt u de kinderen vragen woordjes te

Doebord

---

[1] Waar hier en in deze hele paragraaf 5.2 'letter' staat, kan ook vorm of cijfer bedoeld zijn, afhankelijk van in welk schrijfschrift de leerling aan het werk is. In Schrijfschrift 3A komen bijvoorbeeld nog geen letters aan bod!

tekenen (of eventueel te schrijven) die met de letter beginnen. De kinderen zijn vrij in de keuze van de woorden, ook als u uitgaat van een leesmethode.

Woordweb Poes

5.2.2 Letterblad met verkeerslichtletter – blad 2

De kinderen zien de verkeerslichtletter. Dit blad bestaat uit twee identieke letters. De linkerletter is voorzien van verkeerslichten; de rechterletter heeft geen verkeerslichten. Het letterblad biedt een oriëntatie op het bewegingsverloop van de letter.

1 U wijst de kinderen op het voorbeeld van de letter links in het bovenste deel van de map die open voor hen ligt. U vertelt de kinderen dat ze met behulp van de verkeerslichten kunnen zien wat de juiste schrijfrichting van de letter is: bij het grote groene verkeerslicht begin je met de letter, bij het gele verkeerslicht ga je terug en bij het rode verkeerslicht stop je. Eerst de grote verkeerslichten, dan de kleine.
2 Vraag de kinderen met de wijsvinger de bewegingsrichting van de letter te volgen.

Bewegingsrichting volgen

Bewegingsrichting volgen over oranje flap

5.2.3 Schrijfspel – blad 3

Na het verinnerlijken van de bewegingsrichting met behulp van het letterblad kan het kind alle aandacht richten op het afleggen van een goed traject en de ideale vorm. Het schrijfspel biedt drie oriëntaties binnen de motorprogrammering. Het kind gaat zich via het schrijfspel in stapjes oriënteren:
1 van groot naar klein schrijven: van walvis naar muis (vormconstantie);
2 van zwaar naar licht drukken: van nijlpaard naar mug (kracht- en drukregulatie);
3 van langzaam naar snel schrijven: van slak naar haas (ritme en maat).

De kinderen mogen steeds kijken naar het (afgedekte) letterblad. Spieken mag, het moet prikkelen. Het is een spel van kijken, verstoppen en de letter proberen te maken. U vraagt de kinderen het voorbeeld te verbergen en de letter met potlood in de daarvoor bestemde vakjes te schrijven. Na iedere poging vraagt u te reflecteren op het resultaat: Klaar? Kijk terug! Gelukt?

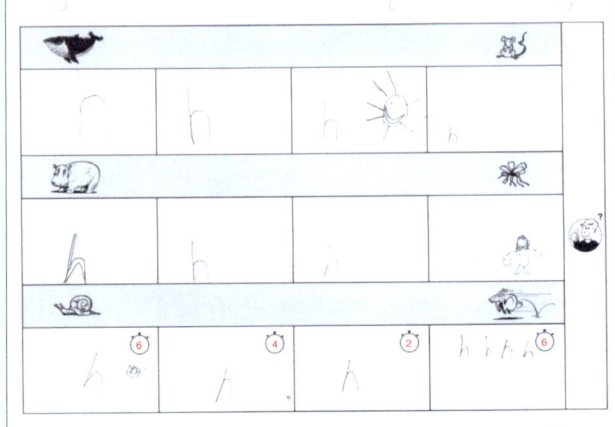

Schrijfspel

Van walvis naar muis – eerste regel: vormconstantie
Geef de kinderen de volgende opdrachten (ze werken met potlood):
1 Maak de letter nu eens groot.
2 Maak de letter nu eens klein.
3 Welke letter vind je het mooist? Zet daar een stipje bij.
4 Maak de letter nu eens tussen groot en klein in.
5 Welke letter vind je nu het mooist? Zet daar een stipje bij.
6 Maak de letter nu kleiner dan klein.
7 Vergelijk de letters en kies nu van alle grote en kleine letters de letter die jij het best op het voorbeeld vindt lijken. Zet een lachend poppetje of zonnetje bij de mooiste letter.

Van nijlpaard naar mug – tweede regel: kracht- en drukregulatie
Geef de kinderen de volgende opdrachten:
1 Maak de letter nu eens dik (vet, duwen op het potlood).
2 Maak de letter nu eens dun (licht).
3 Welke letter vind je het mooist? Zet daar een stipje bij.
4 Maak de letter nu eens tussen dik en dun in.
5 Welke letter vind je nu het mooist? Zet daar een stipje bij.
6 Maak de letter nu dunner dan dun.
7 Vergelijk de letters en kies nu van alle grote en kleine letters de letter die jij het best op het voorbeeld vindt lijken. Zet een lachend poppetje of zonnetje bij de mooiste letter en vertel waarom (reflectie na iedere poging).

Dunner dan dun

Van slak naar haas – derde regel: ritme en maat
Geef de kinderen de volgende opdrachten:
1 Maak de letter nu eens in zes tellen (u telt hardop mee).
2 Maak de letter nu eens in vier tellen (u telt hardop mee).
3 Maak de letter nu eens in twee tellen (u telt hardop mee).
4 Maak zo veel mogelijk letters in zes tellen (u telt hardop mee).
5 Tel je letters.
6 Probeer je record te verbeteren (in het grijze vlak). U telt weer tot zes, maar iets langzamer dan in de vorige opdracht. Er volgt een wedstrijdje tegen de klok.
7 Welke letter is het mooist? Zet er een lachend gezichtje bij en vertel waarom dit de mooiste letter is.
8 In welk ritme heb je het prettigst gewerkt?

5.2.4 Zithouding met kijkpunten – blad 4

Controleer de zithouding aan de hand van de aangegeven kijkpunten op het vierde blad van de set. De uitvergroting van de kijkpunten dient als uitleg van de juiste houding. Voor het bespreken van de kijkpunten zijn er twee opties.
• U zegt vooraf op welke kijkpunten de kinderen gaan letten.
• Na afloop van de oefeningen kleurt het kind zelfstandig de kijkpunten in, waarbij:
  – groen betekent: het lukt heel goed;
  – geel betekent: het lukt nog niet helemaal goed;
  – rood betekent: het lukt nog niet goed.

Inkleuren kijkpunten

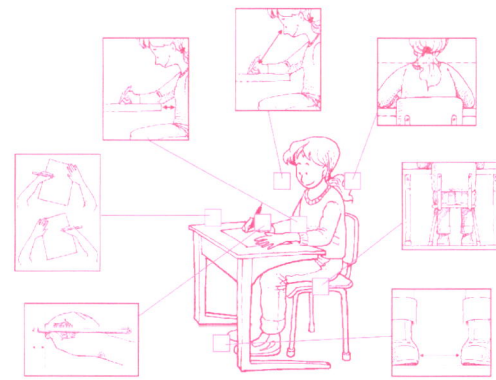
Uitvergroting kijkpunten

5.2.5 Oefenblad – blad 5

1 Vraag de kinderen het werkblad met de kleurenrasters voor zich te nemen.
2 Geef bij elke regel de juiste instructie.
   • Regel 1 (eerste blok): Kijk naar de letter die je gaat schrijven (beslist niet overtrekken!). Kijk goed naar de groene, de witte en de blauwe balk. Welk stukje van de letter staat in de groene balk, welk in de witte en welk in de blauwe?

- Regel 2: Schrijf de voorbeeldletter over. Begin steeds bij het groene puntje. Welke letter vind je het mooist? Zet een lachend gezichtje bij de mooiste letter.
- Regel 3: Idem als regel 2. Zet weer een lachend gezichtje bij de mooiste letter.
- Regel 4 (tweede blok): Schrijf nu zelf de letter. Zet eerst zelf een puntje waar je met elke letter begint (niet meer dan zeven letters op één regel).

3 Vraag de juf of meester welke letter hij of zij het mooist vindt. Vraag dit ook aan een kind uit je groep. Vraag ook waarom ze die letter het mooist vinden.

U kunt met behulp van de cd-rom zelf werkbladen maken met de letters en woorden uit de leesmethode.

5.2.6 Herhaling zithouding en bewegingstussendoortje

Doe ter afsluiting van dit blad samen met de kinderen het bewegingstussendoortje dat onder aan het blad staat. Het speels doen van bewegingstussendoortjes bevordert de motorische ontwikkeling en beïnvloedt daardoor het uiteindelijke schrijfresultaat.
Aan de hand van het laatste werkblad uit de set herhaalt u de kijkpunten en het bewegingstussendoortje.

Tussen lijnen

5.3 Handleiding Schrijven leer je zo!

De handleiding is geheel geactualiseerd in 2010. U heeft hem al in uw hand.

5.4 Cd-rom Schrijven leer je zo!

De cd-rom bij *Schrijven leer je zo!* is bedoeld ter ondersteuning van het zelfstandig leren schrijven van kleine letters, hoofdletters en cijfers. Dankzij het programma kunt u het schrijfonderwijs in uw groep volledig individualiseren en, indien gewenst, adequaat laten aansluiten op de leesmethode. De aanpak in het programma sluit naadloos aan op de schrijfschriften en werkbladen.

De mogelijkheden van het programma zijn de volgende.
- U kunt het schrijven van de letters en cijfers met animaties laten zien op het scherm.

Het kind hoort de klank, gekoppeld aan een begrip. Bijvoorbeeld de b van boot.
- U kunt ook eigen teksten invoeren en deze op vier soorten werkbladen afdrukken.
- U kunt zelf woordkaartjes maken en afdrukken met woorden uit de leesmethode.
- Met het letterspel oefent het kind op een speelse manier de letterherkenning. Het eindresultaat wordt op het scherm getoond. U kunt zien welke letters het kind nog niet zo goed herkent.
- De bewegingstussendoortjes waarmee tijdens het schrijven even een moment van ontspanning wordt ingebracht en aanwijzingen voor een goede zithouding zijn opgenomen.
- (Stippen)test voor bepaling schrijfrijpheid van het kind.
- Materiaal voor het digitale schoolbord.

U kunt het lettertype van *Schrijven leer je zo!* importeren in uw tekstverwerker. U kunt op die manier de woorden uit de leesmethode afdrukken in het blokschrift van de schrijfmethode.

5.5 Cd-rom leerlingvolgsysteem SLJZ!

Om inzicht te krijgen in de ontwikkelingsmogelijkheden van het kind is het belangrijk om de ontwikkeling van het schrijven te volgen. Het hiervoor ontworpen leerlingvolgsysteem bestaat uit twee onderdelen. Het eerste is de Cd-rom leerlingvolg-systeem SLJZ!, het tweede is Zo schrijf ik! Portfolioschrift SLJZ!

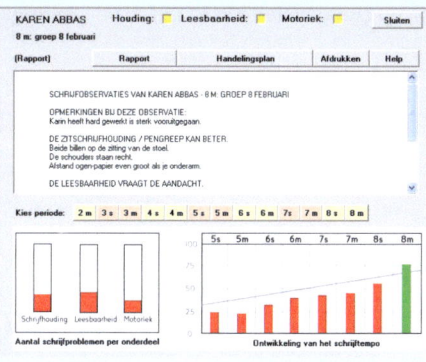

In dit programma op cd-rom worden de gesignaleerde schrijfproblemen bij de leerlingen genoteerd. Het programma biedt daarvoor observatie- en registratielijsten gekoppeld aan de toetsopdrachten in het portfolioschrift. Uitgangspunt is dat de leerkracht in zeer korte tijd de groep en de individuele leerlingen screent op schrijfproblemen en tegelijk de mogelijkheid krijgt voor het plannen van verbeteringen.

Het computerprogramma biedt onder meer:
- overzicht van schrijfproblemen op groepsniveau;
- aanwijzingen voor verbetering van knelpunten bij het schrijven in de groep;
- inzicht in het ontstaan en verloop van schrijfproblemen bij de leerlingen;
- individuele overzichten en mogelijkheden voor remediëring;
- hulp bij de rapportage aan ouders en collega's;
- groepsoverstijgende overzichten voor het verloop van de schrijfontwikkeling gedurende de hele basisschool per leerling.

Samen met het portfolioschrift waarin alle toetsen worden bewaard, vormt het computerprogramma een stevige basis voor het volgen van de schrijfontwikkeling en versterking van het schrijfonderwijs.

5.6 Zo schrijf ik! Portfolioschrift SLJZ!

Om inzicht te krijgen in de ontwikkelingsmogelijkheden van het kind is het belangrijk om de ontwikkeling van het schrijven te volgen. Het hiervoor ontworpen leerlingvolgsysteem bestaat uit twee onderdelen. Het eerste is het portfolioschrift SLJZ!. Tweemaal per jaar werkt de leerling in dit schrift: de zorgvuldig gekozen opdrachten garanderen dat hiermee een duidelijk beeld van het schrijfniveau ontstaat. Hetzelfde schrift gaat gedurende de hele basisschool met de leerling mee. Zo onstaat een belangrijk document over de longitudinale ontwikkeling van het handschrift. De toetsen die in oktober en februari worden afgenomen zijn tegelijk een basis voor de signalering en registratie van schrijfproblemen bij de groep en de individuele leerling. Omdat op deze wijze elke leerkracht een bijdrage levert, ontstaat een duidelijk beeld van problemen uit vorige leerjaren en de toen gekozen oplossingen. Door deze werkwijze wordt de zorgverbreding bij het schrijfonderwijs een aangelegenheid voor het hele team.

Een handleiding bij het portfolioschrift, voor de leerkracht, vindt u op de Cd-rom leerlingvolgsysteem SLJZ! en op de website www.schrijvenleerjezo.nl.

5.7 Letter- en cijferkaart 3

Alle kleine letters, cijfers en leestekens staan overzichtelijk weergegeven op een stevige kaart van A4-formaat. De kinderen kunnen deze kaart tijdens de schrijflessen en ook

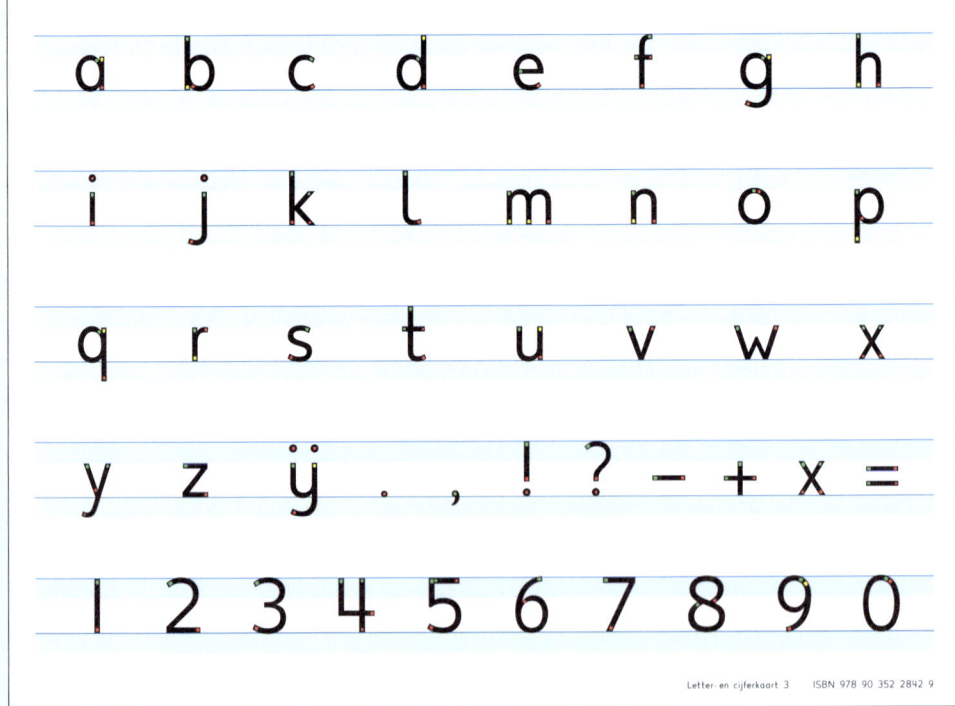

Letter- en cijferkaart 3

tijdens andere lessen raadplegen. De verkeerslichten zijn helder aangegeven, zodat de kinderen de bewegingsrichting herkennen.
De tekens zijn op de ene zijde van de kaart in het blauw-groene kleurenraster geplaatst, waardoor de kinderen eenvoudig de positionering van de tekens kunnen terugvinden. Op de andere zijde staan de tekens los, zonder liniatuur.

5.8   Bewaarmap (blauw)

De bewaarmap is als het ware het portfolio voor schrijven van de kinderen in uw groep. Hierin bewaart u de werkbladen die u nog niet gebruikt en kunt u werkbladen verzamelen. U vult de blauwe Bewaarmap met de Werkbladen 3 en 4. De kinderen werken vanuit de oranje Werkmap, die u vult met de letter- of cijfersets uit de bewaarmap. (In de werkmap zitten alleen de materialen c.q. de letters waarmee de kinderen op dat moment werken.)

5.9   Werkmap (oranje)

De oranje Werkmap vult u met de aangeboden letters en cijfers uit de blauwe Bewaarmap. U ververst steeds de inhoud van de werkmap; hij bevat alleen die materialen waarmee de kinderen op dat moment werken.
De map bevat een ingenieuze oranje-blauwe flap waarmee het letterblad (een onderdeel van de werkbladen waarop de voorbeeldletter mét en zonder verkeerslichten wordt gepresenteerd) geheel of gedeeltelijk afgedekt kan worden. Het is een belangrijk hulpmiddel om het schrijfleerproces te automatiseren.

Schrijfvoorbeeld letter p

5.10   Scheurblok schrijfspel 3

Scheurblok schrijfspel 3 is een extra scheurblok voor groep 3 en eventueel groep 4 om te oefenen in het schrijfspel. Met behulp van het schrijfspel kan het kind alle aandacht richten op het afleggen van een goed traject en de meest ideale vorm. Dit extra scheur-

blok is bedoeld voor kinderen die moeite hebben met het verinnerlijken van de bewegingsrichting.
Het schrijfspel biedt drie oriëntaties binnen de motorprogrammering:
1 van groot naar klein schrijven: van walvis naar muis (vormconstantie);
2 van zwaar naar licht drukken: van nijlpaard naar mug (kracht- en drukregulatie);
3 van langzaam naar snel schrijven: van slak naar haas (ritme en maat).
De pagina's kunnen toegevoegd worden aan de werkbladen in de oranje Werkmap.

5.11 Blanco rasterscheurblok 3

De rasters op de bladen van Blanco rasterscheurblok 3 hebben dezelfde grootte als de rasters van Werkbladen 3 en Werkbladen 4 (18 mm). De scheurbladen voorzien in een mogelijkheid om extra te oefenen met de rasters. U kunt de bladen aan de oranje Werkmap toevoegen.

Oefenblad kleurenraster

5.12 Schrijfschrift Plus

Schrijfschrift Plus is ontstaan vanuit de behoefte van het speciaal onderwijs aan een eigen leerlijn voor kinderen met een motorische achterstand. Het blokschrift is voor het functioneel schrijven zeer geschikt. Maar de liniatuurgrootte van het *Schrijven leer je zo!*-materiaal is na groep 3 te klein voor een aantal kinderen uit deze speciale doelgroep.
Dit schrijfschrift heeft dezelfde liniatuurgrootte als Werkbladen 3 (18 mm). Het is ook zeer geschikt als extra oefenmateriaal voor groep 3 en eventueel groep 4.

Regenboogletter

Spread Schrijfschrift Plus

Schrijfschrift Plus bevat voor elke kleine letter en elke tweeklank een spread om te oefenen. De kinderen oefenen eerst de schrijfrichting: in een grote, open letter, de zogenoemde regenboogletter, schrijven ze de letter in verschillende kleuren. Dan schrijven ze twee regels met de te leren letters; de verkeerslichten bieden opnieuw ondersteuning bij het bepalen van de schrijfrichting. Ten slotte schrijven ze vier woordjes waarin de letter voorkomt.

5.13 Schrijfkriebels

Schrijfkriebels is een praktisch boek waarin leerkrachten een leidraad vinden om kinderen ervaringen op te laten doen in het bewegen in het platte vlak. Dit boek is bedoeld voor de onderbouw van zowel regulier als speciaal basisonderwijs. Het is een voorbereiding op het schrijven, om problemen te voorkomen en als schrijfremediëring.

Kinderen kunnen zich in hun eigen tempo de schrijfbewegingen eigen maken en deze door herhaling automatiseren. Dit heeft een positief effect op de verdere schrijfontwikkeling.

Schrijfkriebels

Het boek bestaat uit een theorie- en een praktijkgedeelte. De theorie wordt vertaald naar de praktijk aan de hand van speelse oefeningen, die in acht thema's zijn ondergebracht. Omdat het gaat om thema's die voor de onderbouw gebruikelijk zijn, kunnen de oefeningen gemakkelijk in het leerprogramma worden geïntegreerd. De oefeningen in het praktijkdeel zijn vooral procesgericht. Het gaat niet primair om het resultaat, maar om de bewegingservaringen van het kind.

Bij het boek ontvangt u een cd met muziek en liedjes die de oefeningen ondersteunen.

5.14 Doebord met magnetische letters

Het Doebord fungeert als whiteboard en als een magnetisch bord. Kinderen kunnen op dit bord letters plaatsen en erop schrijven. Op het bord staan twee grote blauw-groene kleurenrasters afgebeeld. Een grondlijn in het groene raster biedt steun voor het schrijven op één lijn. Het blauwe raster is voorzien van een bovenlijn. Het balkje bij het begin van de regel geeft de steun voor het starten met het schrijven van links naar rechts. Bij het bord worden twee mappen geleverd: een map voor de hoofdletters en een map voor de kleine letters en cijfers. Daarin bevinden zich de magneetletters, -cijfers en -leestekens, voorzien van verkeerslichten. De kinderen kunnen de magneetletters, -cijfers en -tekens zelf tussen de kleurenrasters op het Doebord plaatsen. Ze worden zo actief betrokken bij het samenstellen van letters, cijfers en tekens in gewenste woorden en/of zinnetjes. Dit is een uitstekende vorm voor het prikkelen van ontluikende geletterdheid. De kinderen kunnen de letters goed zien en weten met behulp van de verkeerslichten al snel wat de bewegingsrichting is.

Het Doebord kan op tafel of op een kast worden gezet zodat de kinderen er gemakkelijk bij kunnen.
Inhoud:
- een houten bord (afmeting 84,5 x 73 cm) met een houten stok die fungeert als standaard;
- een map met hoofdletters met oriëntatietekens;
- een map met kleine letters en cijfers met oriëntatietekens;
- een zakje met magneetjes, die op de achterzijde van de cijfers en letters kunnen worden aangebracht;
- een handleiding.

(Verkrijgbaar bij Heutink.)

5.15 Kwinto stereobord

Jonge kinderen hebben ruimte nodig om zich te kunnen bewegen, zeker als het gaat om de schrijfbeweging. Er dient materiaal te worden aangeboden dat bij hen past, zoals grote vellen papier waarop vrije, grote bewegingstekeningen gemaakt kunnen worden met vingerverf, stiften of krijt. Het Kwinto stereobord is vanuit deze visie ontwikkeld en geeft daarvoor de ruimte: een transparant whiteboard waar met stiften op getekend mag worden. Het werken met het Kwinto stereobord levert veel bewegingservaringen op waarmee de overgang van groot tekenen naar klein schrijven zo gemakkelijk mogelijk wordt gemaakt. De kinderen oefenen verschillende vaardigheden zoals ruimtelijke oriëntatie, oog-handcoördinatie en motoriek van hand en vingers. Door de teken- c.q. schrijfbeweging zo ontspannen mogelijk te laten maken, wordt voorkomen dat kinderen te snel uitvallen tijdens het schrijfproces. Wanneer het kind of de leerkracht aan de ene kant van het bord iets tekent, is het mogelijk aan de andere kant de tekening na te maken.

Het Kwinto Stereobord bestaat uit:
- een beukenhouten bord met een transparant schrijfoppervlak, waarop met speciale stiften getekend kan worden;
- twee whiteboardmarkers;
- een handleiding.

(Verkrijgbaar bij Heutink.)

Stereobord

5.16 Kwinto motokist

De Kwinto motokist is een multifunctionele kist met spelletjes voor de motoriek. Door middel van eenvoudige bewegingsspelletjes worden de kleinmotorische vaardigheden getraind. De hoofddoelstelling van deze kist is het ontwikkelen van de kleine motoriek als voorbereiding op het schrijven. Specifieke doelstellingen zijn: het stimuleren van de mobiliteit en functie van vingers en handen, de ontwikkeling van de voorkeurshand tot schrijfhand, ontspannen schrijfbeweging, ruimtelijke oriëntatie, concentratie, plezier in bewegen en oog-handcoördinatie.

De deksel van de kist is van doorzichtig, beschrijfbaar kunststof, waar voorbeeldkaarten of A4-vellen met patronen naar eigen keuze onder gelegd kunnen worden. De Kwinto motokist is een beukenhouten kist (310 x 210 x 100 mm) met als inhoud: een jojo, een zachte bal, een tol, een stift met wisser, een draaischijf met touw, een vangplank, een vangdop, een zandloper, een vlooienspel, mikado, een ronde kaart met puntenverdeling, een doos met fiches, drie schrijfkaarten, vijftig kubussen in een doos, acht opdrachtkaarten, drie pionnen en een handleiding.
(Verkrijgbaar bij Heutink.)

Motokist

5.17 Programma, map en materialen uit *Verder met schrijven*

In het programma *Verder met schrijven* staan schrijf- en spelbeweging centraal. Het programma kiest bewust voor een speelse aanpak. Het kan gebruikt worden naast en in aanvulling op bestaande schrijfmethoden, ter voorkoming van problemen. Het programma biedt meer dan honderd oefeningen (energizers), waardoor indirect aandacht wordt besteed aan een goede schrijfhouding en beweging. De speelse oefeningen bevorderen de motorische ontwikkeling, beïnvloeden het schrijfproces en uiteindelijk het schrijfresultaat, zodat kinderen sneller en leesbaar leren schrijven.
(Verkrijgbaar bij Heutink.)

6 Schrijven in groep 4

6.1 Leerdoelen en leermiddelen

6.1.1 Leerdoelen

Aanvankelijk schrijven:
- schrijven met een goede zithouding, papierligging en potloodhantering;
- bevorderen van de arm-, hand- en vingermotoriek;
- inoefenen van het blokschrift;
- aanleren en inoefenen van de hoofdletters;
- schrijven van de cijfers en leestekens;
- kritisch beoordelen van het eigen handschrift en dat van anderen;
- leren schrijven in kleurenrasters.

6.1.2 Leermiddelen

- Handleiding Schrijven leer je zo!
- Cd-rom Schrijven leer je zo!
- Cd-rom leerlingvolgsysteem SLJZ!
- Zo schrijf ik! Portfolioschrift SLJZ!

- Schrijfschrift 4A
- Schrijfschrift 4B
- Blanco lijnenschrift 4
- Letterkaart 4
- *Schrijfkriebels*

6.2 Schrijfschriften

In groep 4 wordt de overgang gemaakt naar het schrijven van teksten. Dat doen de kinderen in de Schrijfschriften 4A en 4B. Dankzij het blokschrift beginnen ze verhoudingsgewijs eerder met het schrijven van teksten dan in de traditionele schrijfmethoden. De schrijfschriftjes zorgen voor een soepele overgang van het werken in de map naar het werken in schriftjes met lijntjes. De schriftjes volgen het alfabet, gekoppeld aan voornamen.

6.3 Schrijfschrift 4A

In dit schrijfschrift voor het eerste deel van groep 4 oefenen de leerlingen het schrijven van hoofdletters. De letters worden per letter op twee pagina's gepresenteerd, in volgorde van moeilijkheid. In het aantrekkelijke schrijfspel is aandacht voor vormconstantie (groot-klein), kracht- en drukregulatie (dik-dun) en ritme en maat (snel-langzaam). De kleurenrasters (blauw voor de stokken, groen voor de staarten) helpen bij het schrijven tussen lijnen.

6.3.1 De linkerpagina

De linkerpagina start met het denkproces van het kind: in ballonnetjes staat weergegeven hoe een letter zich motorisch via het geheugen vormt. Vervolgens schrijven de kinderen, beginnend op de linkerpagina, de aangeboden letter met behulp van het schrijfspel:
1 van groot naar klein schrijven: van walvis naar muis (vormconstantie);
2 van zwaar naar licht drukken: van nijlpaard naar mug (kracht- en drukregulatie).

6.3.2 De rechterpagina

Op de rechterpagina wordt het schrijfspel voortgezet met het ritme- en maatprogramma, namelijk van langzaam naar snel schrijven: van slak naar haas (ritme en maat).
Vervolgens oefenen de kinderen het bewegingstussendoortje en reflecteren ze op hun zit- en schrijfhouding.
Als laatste blok schrijven de kinderen de hoofdletter over tussen de kleurenrasters.
Vraag de kinderen de pagina met de kleurenrasters voor zich te nemen.
Geef bij elke regel de juiste instructie.
Regel 1: Kijk naar de hoofdletter die je gaat schrijven (beslist niet overtrekken!). Kijk goed naar de groene, de witte en de blauwe balk. Welk stukje van de hoofdletter staat in de groene balk, en welk in de witte en welk in de blauwe?
Regel 2: Schrijf de voorbeeldletter over. Begin steeds bij het groene puntje. Welke hoofdletter vind je het mooist? Zet een lachend gezichtje bij de mooiste hoofdletter.

Regel 3: Idem als regel 2. Zet weer een lachend gezichtje bij de mooiste hoofdletter. (Alleen in Schrijfschrft 3C is er een regel extra.)
Regel 4: Schrijf nu zelf de hoofdletter. Zet eerst zelf een puntje op de plaatsen waar je met elke hoofdletter begint (niet meer dan tien letters op één regel).

Vraag de juf of meester welke hoofdletter hij of zij het mooist vindt. Vraag dit ook aan een kind uit je groep. Vraag ook waarom ze die letter het mooist vinden.

6.4   Schrijfschrift 4B

In Schrijfschrift 4B oefenen de leerlingen het schrijven van woorden met hoofdletters. De kinderen schrijven voornamen en plaatsnamen over.
De liniatuur wordt voor het schrijven tussen lijnen als volgt afgebouwd:
1 kleurenraster met vier lijnen;
2 vier lijnen zonder kleurenraster;
3 twee lijnen;
4 één lijn.

Deze afbouw in liniatuur en daarmee de opbouw in moeilijkheidsgraad biedt de leerkracht een diagnostisch moment. U kunt zo eenvoudig bepalen of het kind toe is aan het schrijven binnen een bepaalde liniatuur.

6.4.1   De linkerpagina

Opnieuw wordt hier in ballonnetjes weergegeven hoe een letter zich motorisch via het geheugen vormt.
Op de linkerpagina oefenen de leerlingen de hoofdletters met behulp van het schrijfspel, vooral het schrijftempo: ritme en maat. Vervolgens oefenen ze het schrijven van een naam, tussen kleurenrasters.
Bied bij iedere regel de gelegenheid de mooist geschreven voornaam te kiezen.

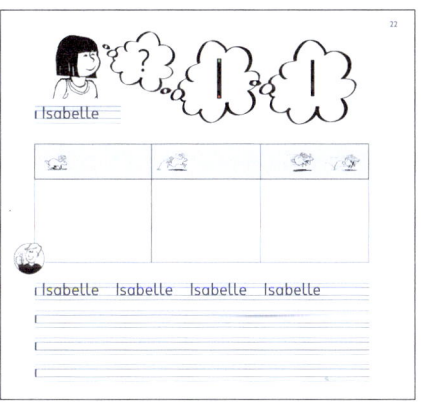

6.4.2   De rechterpagina

Op de rechterpagina worden voornamen en namen van steden en landen geoefend. Er wordt aandacht besteed aan de schrijfhouding, een bewegingstussendoortje en het zelf beoordelen van de geschreven woorden. De kinderen schrijven teksten over, steeds één regel. De kwaliteit gaat namelijk boven de kwantiteit. Ze werken per kolom van boven naar beneden (voor- en achternamen) en dan naar de volgende kolom van boven naar beneden (plaats- en landennamen). In de derde kolom mogen de kinderen zelf

persoonsnamen en plaats- en landennamen schrijven. Daar worden de twee voorgaande hoofdletters herhaald.
Na afloop zet elk kind weer een lachend gezichtje bij het woord dat het zelf het mooist geschreven vindt. Vraagt u standaard aan elk kind waarom het dat woordje het mooist vindt. Laat het kind dat ook aan een kind uit de groep vertellen.

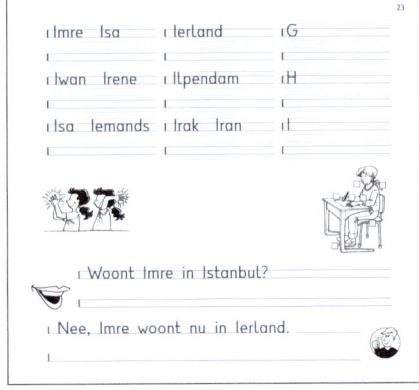

Op de schrijfopdracht volgt het bewegingstussendoortje. Het taalcommunicatieve aspect – het uitwisselen van boodschappen, ook op papier – komt tot uiting in de slotopdracht: de kinderen schrijven een vraag en daarna het antwoord over. Ze doen dit tussen vier lijntjes zonder kleurenraster. Ze schrijven dan voor het eerst zonder kleurenraster, uitsluitend met behulp van lijntjes. Vraag de kinderen de zinnen voor te lezen die ze hebben geschreven.

6.5   Blanco lijnenschrift 4

Het Blanco lijnenschrift 4 kan gebruikt worden in de taallessen. De liniatuur biedt ook steun bij tekstopdrachten naast de opdrachten van de schrijfmethode. U kunt bijvoorbeeld creatieve stelopdrachten laten schrijven in het blanco lijnenschrift.
Sommige kinderen hebben nog steun nodig van het kleurenraster. U laat ze werken in het Blanco rasterschrift 3. Andere kinderen kunnen in het blanco lijnenschrift aan de slag.

Afhankelijk van hun vorderingen biedt u hun het Blanco lijnenschrift 3 of 4 aan. De liniatuur in Blanco lijnenschrift 4 is kleiner dan in Blanco lijnenschrift 3.

6.6   Letterkaart 4

Alle kleine letters en hoofdletters van *Schrijven leer je zo!* staan overzichtelijk naast elkaar weergegeven op een kaart van A4-formaat. De kinderen kunnen tijdens de schrijflessen en ook in andere lessen de kaart raadplegen en zien hoe ze de verschillende letters, cijfers en leestekens moeten schrijven.

De letters zijn op de ene zijde in het blauw-groene kleurenraster geplaatst, waardoor de kinderen eenvoudig de positionering van de tekens kunnen terugvinden. Op de andere zijde zien ze de letters vrijstaand. De verkeerslichten worden helder aangegeven, zodat de kinderen de bewegingsrichting kunnen terugvinden. De kaart wordt vooral tijdens het aanvankelijk schrijfproces in de groepen 3 en 4 veelvuldig gebruikt. Daarom is de kaart van stevig materiaal gemaakt.

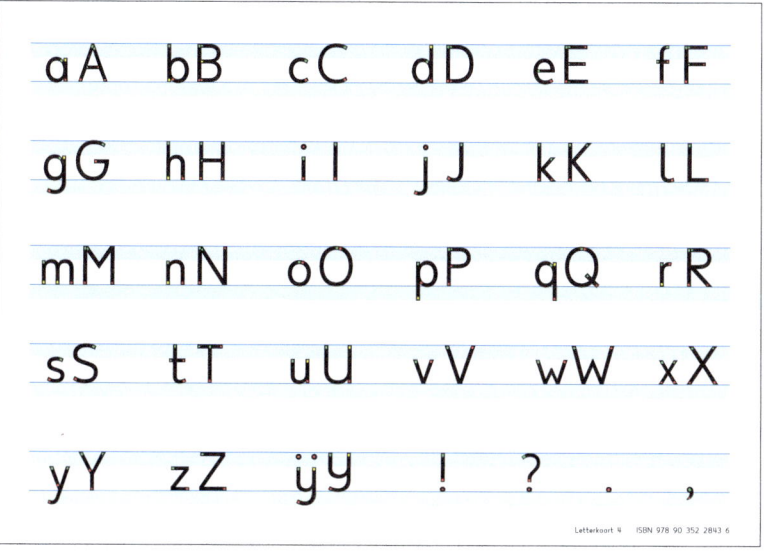

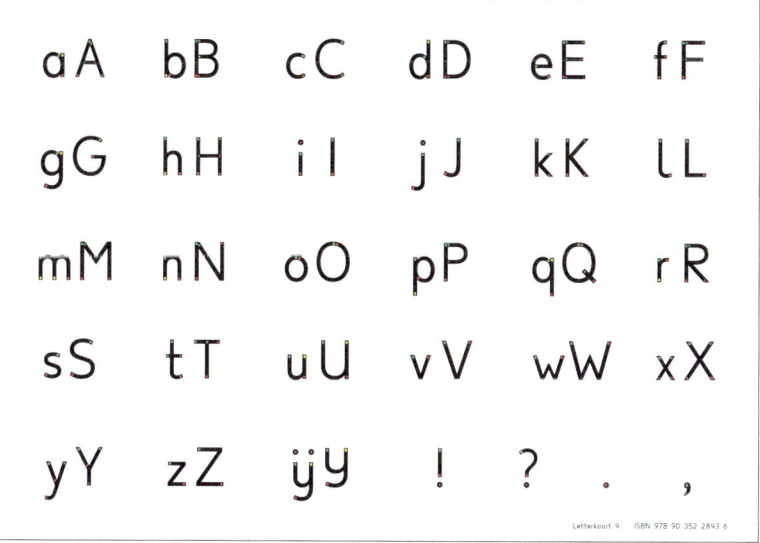

7 Schrijven in groep 4 Plus

7.1 Leerdoelen en leermiddelen

7.1.1 Leerdoelen

Aanvankelijk schrijven:
- schrijven met een goede zithouding, papierligging en potloodhantering;
- bevorderen van de arm-, hand- en vingermotoriek;
- inoefenen van het blokschrift;
- aanleren en inoefenen van de hoofdletters;
- schrijven van de cijfers en leestekens;
- kritisch beoordelen van het eigen handschrift en dat van anderen;
- leren schrijven in kleurenrasters.

7.1.2 Leermiddelen

- Handleiding Schrijven leer je zo!
- Cd-rom Schrijven leer je zo!
- Cd-rom leerlingvolgsysteem SLJZ!
- Zo schrijf ik! Portfolioschrift SLJZ!

- Werkbladen 4
- Bewaarmap (blauw)
- Werkmap (oranje)
- Schrijfschrift 4B
- Letterkaart 4
- Blanco rasterscheurblok 3
- Scheurblok schrijfspel 3
- *Schrijfkriebels*

7.2 Werkbladen 4

7.2.1 Opbouw per aangeboden hoofdletter

De kleine letters, cijfers en tweeklankletters zijn aangeboden in groep 3. In groep 4 voegt u daar de hoofdletters aan toe (Werkbladen 4). De opbouw van de werkbladen voor de hoofdletters is vrijwel identiek aan die van de kleine letters, cijfers en tweeklankletters. Het tweede blok van het rasterblad bestaat echter uit vier regels; in groep 3 zijn dat er drie. De eerste regel van het tweede blok is bedoeld voor het herhalen van de hoofdletters. De kinderen zetten dan eerst een startpuntje en maken daarna de letter. De tweede regel is bestemd voor het schrijven van alle hoofdletters die het kind al beheerst (differentiatie). Beheerst het kind nog maar een paar hoofdletters, dan kan het een of meer keren de hoofdletters schrijven die het al kent, maar niet meer letters dan zeven op één regel. Op de derde regel schrijft het kind persoonsnamen, nadat u de systematiek van het gebruik van de hoofdletters hebt uitgelegd. De laatste regel is bedoeld voor het schrijven van namen van plaatsen en landen die de kinderen kennen. Een leuk idee is de eerste pagina van de werkbladen, het woordweb, te gebruiken voor een tekening van zichzelf. De kinderen schrijven hun eigen naam (bij de desbetreffende letter) en maken een portret van zichzelf. Deze voorplaten kunnen als een verjaardagskalender gebruikt worden door ze op te hangen in de klas.

U kunt voor de instructies paragraaf 5.2 volgen (met de bijbehorende subparagrafen). De cd-rom biedt de mogelijkheid om naar eigen behoefte werkbladen te maken. Zo nodig kan de liniatuur met behulp van de cd-rom ook worden aangepast.

7.3   Bewaarmap

De Bewaarmap is als het ware het portfolio voor schrijven van de kinderen in uw groep. Hierin bewaart u de werkbladen die u nog niet gebruikt, en kunt u werkbladen verzamelen. U vult de blauwe Bewaarmap met de Werkbladen 3 en 4. De kinderen werken vanuit de Werkmap, die u vult met de letter- of cijfersets uit de Bewaarmap. (In de werkmap zitten alleen de materialen c.q. de letters waarmee de kinderen op dat moment werken.)

7.4   Werkmap

De oranje Werkmap vult u met de aangeboden letters en cijfers uit de blauwe Bewaarmap. U ververst steeds de inhoud van de Werkmap; hij bevat alleen die materialen waarmee de kinderen op dat moment werken.
De map bevat een ingenieuze oranjeblauwe flap waarmee het letterblad

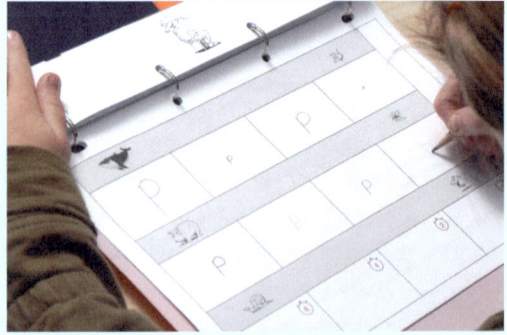

Schrijfvoorbeeld letter p

(een onderdeel van de werkbladen waarop de voorbeeldletter mét en zonder verkeerslichten wordt gepresenteerd) geheel of gedeeltelijk afgedekt kan worden. Het is een belangrijk hulpmiddel om het schrijfleerproces te automatiseren.

7.5 Schrijfschrift 4B

In Schrijfschrift 4B oefenen de leerlingen het schrijven van woorden met hoofdletters. De kinderen schrijven voornamen en plaatsnamen over.
De liniatuur wordt voor het schrijven tussen lijnen als volgt afgebouwd:
1 kleurenraster met vier lijnen;
2 vier lijnen zonder kleurenraster;
3 twee lijnen;
4 één lijn.
Deze afbouw in liniatuur en daarmee de opbouw in moeilijkheidsgraad biedt de leerkracht een diagnostisch moment. U kunt zo eenvoudig bepalen of het kind toe is aan het schrijven binnen een bepaalde liniatuur.

7.5.1 De linkerpagina

Opnieuw wordt hier in ballonnetjes weergegeven hoe een letter zich motorisch via het geheugen vormt.
Op de linkerpagina oefenen de leerlingen de hoofdletters met behulp van het schrijfspel, vooral het schrijftempo: ritme en maat. Vervolgens oefenen ze het schrijven van een naam tussen kleurenrasters.
Bied bij iedere regel de gelegenheid de mooist geschreven voornaam te kiezen.

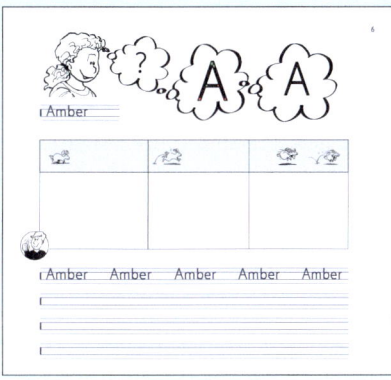

7.5.2 De rechterpagina

Op de rechterpagina worden voornamen en namen van steden en landen geoefend. Er wordt aandacht besteed aan de schrijfhouding, een bewegingstussendoortje en het zelf beoordelen van de geschreven woorden. De kinderen schrijven teksten over, steeds één regel. De kwaliteit gaat namelijk boven de kwantiteit. Ze werken per kolom van boven naar beneden (voor- en achternamen) en dan naar de volgende kolom van boven naar beneden (plaats- en landennamen).
In de derde kolom mogen de kinderen zelf persoonsnamen en plaats- en landennamen schrijven.
Daar worden twee eerder geleerde hoofdletters herhaald.

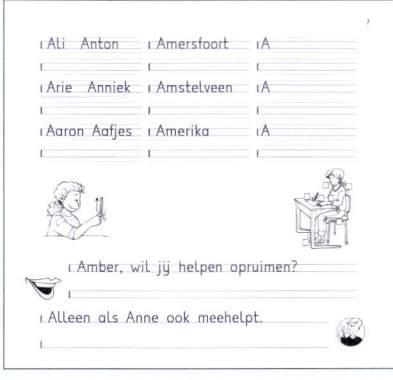

Na afloop zet elk kind weer een lachend gezichtje bij het woord dat het zelf het mooist geschreven vindt. Vraag standaard aan elk kind waarom het dat woordje het mooist vindt. Laat het kind dat ook aan een kind uit de groep vertellen.

Op de schrijfopdracht volgt het bewegingstussendoortje. Het taalcommunicatieve aspect – het uitwisselen van boodschappen, ook op papier – komt tot uiting in de slotopdracht: de kinderen schrijven een vraag en daarna het antwoord over. Ze doen dit tussen vier lijntjes zonder kleurenraster. Ze schrijven dan voor het eerst zonder kleurenraster, uitsluitend met behulp van lijntjes. Vraag de kinderen de zinnen voor te lezen die ze hebben geschreven.

7.6 Letterkaart 4

Alle kleine letters en hoofdletters van *Schrijven leer je zo!* staan overzichtelijk naast elkaar weergegeven op een kaart van A4-formaat. De kinderen kunnen tijdens de schrijflessen en ook in andere lessen de kaart raadplegen en zien hoe ze de verschillende letters, cijfers en leestekens moeten schrijven.

De letters zijn op de ene zijde in het blauw-groene kleurenraster geplaatst, waardoor de kinderen eenvoudig de positionering van de tekens kunnen terugvinden. Op de andere zijde zien ze de letters vrijstaand. De verkeerslichten worden helder aangegeven, zodat de kinderen de bewegingsrichting kunnen terugvinden. De kaart wordt vooral tijdens het aanvankelijk schrijfproces in de groepen 3 en 4 veelvuldig gebruikt. Daarom is de kaart van stevig materiaal gemaakt.

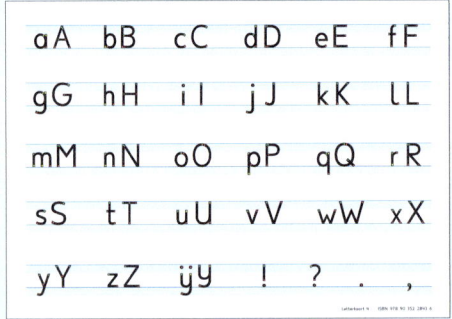

7.7 Blanco rasterscheurblok 3

De rasters op de bladen van Blanco rasterscheurblok 3 hebben dezelfde grootte als de rasters van Werkbladen 3 en Werkbladen 4. De scheurbladen voorzien in een mogelijkheid om extra te oefenen met de rasters. U kunt de bladen aan de oranje Werkmap toevoegen.

7.8 Scheurblok schrijfspel 3

Scheurblok schrijfspel 3 is een extra scheurblok voor groep 3 en eventueel groep 4 om te oefenen in het schrijfspel. Dit extra scheurblok is bedoeld voor kinderen die moeite hebben met het verinnerlijken van de bewegingsrichting.
Met behulp van het schrijfspel kan het kind alle aandacht richten op het afleggen van een goed traject en de ideale vorm.
Het schrijfspel biedt drie oriëntaties binnen de motorprogrammering:
1 van groot naar klein schrijven: van walvis naar muis (vormconstantie);
2 van zwaar naar licht drukken: van nijlpaard naar mug (kracht- en drukregulatie);
3 van langzaam naar snel schrijven: van slak naar haas (ritme en maat).

7.9 *Schrijfkriebels*

Schrijfkriebels is een praktisch boek waarin leerkrachten een leidraad vinden om kinderen ervaringen op te laten doen in het bewegen in het platte vlak. Dit boek is bedoeld voor de onderbouw van zowel regulier als speciaal basisonderwijs. Het is een voorbereiding op het schrijven, om problemen te voorkomen en als schrijfremediëring.
Kinderen kunnen zich in hun eigen tempo de schrijfbewegingen eigen maken en deze door herhaling automatiseren. Dit heeft een positief effect op de verdere schrijfontwikkeling.
Het boek bestaat uit een theorie- en een praktijkgedeelte. De theorie wordt vertaald naar de praktijk aan de hand van speelse oefeningen, die in acht thema's zijn ondergebracht. Omdat het gaat om thema's die voor de onderbouw gebruikelijk zijn, kunnen de oefeningen gemakkelijk in het leerprogramma worden geïntegreerd. De oefeningen in het praktijkdeel zijn vooral procesgericht. Het gaat niet primair om het resultaat, maar om de bewegingservaringen van het kind.
Bij het boek ontvangt u een cd met muziek en liedjes die de oefeningen ondersteunen.

8 Schrijven in groep 5

8.1 Leerdoelen en leermiddelen

8.1.1 Leerdoelen

Voortgezet schrijven:
- schrijven met een goede zithouding, papierligging en potloodhantering;
- bevorderen van de arm-, hand- en vingermotoriek;
- inoefenen van het blokschrift;
- schrijven van cijfers en leestekens;
- leren schrijven tussen liniatuur;
- schrijven van lange woorden;
- kritisch beoordelen van het eigen handschrift en dat van anderen.

8.1.2 Leermiddelen

- Handleiding Schrijven leer je zo!
- Cd-rom Schrijven leer je zo!
- Cd-rom leerlingvolgsysteem SLJZ!
- Zo schrijf ik! Portfolioschrift SLJZ!

- Schrijfschrift 5A
- Schrijfschrift 5B
- Blanco lijnenschrift 5

8.2 Schrijfschriften 5A en 5B

De aangeboden lesstof voor groep 5 is vormgegeven in twee schrijfschriften. Daarin wordt het overschrijven van betekenisvolle taal in thema's aangeboden. Deze thema's zijn aan de hand van een inventarisatie bij kinderen uit groep 5 tot stand gekomen. De schriften sluiten af met een zelf in te vullen thema.
In de thema's is geen volgorde aangebracht. Wel wordt eerst Schrijfschrift 5A gebruikt en daarna Schrijfschrift 5B.
U kunt uw keuze voor een thema op verschillende manieren maken.
- Elk kind kiest zelf het thema waaraan het wil werken.
- U gaat in overleg met de kinderen en komt samen tot de keuze voor een thema waaraan de kinderen samen gaan werken.
- De kinderen kiezen in kleine groepjes voor een thema. Het leuke van deze optie is dat de kinderen uit elk groepje de teksten aan elkaar kunnen voorlezen die ze in het

creatieve schrijfmoment (laatste opdracht van het thema) hebben gemaakt.
- U start met het eerste thema en eindigt met het laatste thema. Deze optie komt niet tegemoet aan de differentiatiemogelijkheden van *Schrijven leer je zo!*.

8.2.1 De linkerpagina

Elk thema in Schrijfschrift 5A en 5B wordt over twee pagina's aangeboden. Op interactieve wijze introduceert u het thema aan de hand van de illustratie (linksboven). De kinderen gaan vervolgens de zinnen van het thema overschrijven. Er worden geen verkeerslichtletters aangeboden of groene stipjes (startpunten) voor het begin van de letter. De liniatuur wordt voor het overschrijven als volgt aangeboden:

Afbouw in liniatuur

1 kleurenraster met vier lijntjes;
2 vier lijntjes zonder kleurenraster;
3 twee lijntjes;
4 één lijntje;
5 zonder lijntjes (in de groene balk).

De afbouw in liniatuur en daarmee de opbouw in moeilijkheidsgraad biedt u een diagnostisch moment: u ziet per kind de vorderingen in het schrijfproces, te weten de verhouding in hoogte tussen stok en staart enerzijds en romp anderzijds, en de spatiëring. Aan de hand van de vorderingen in dit schrijfproces en daarmee het gemak dat of de moeite die het kind heeft met een bepaalde liniatuur, kunt u door middel van de lijnenschriftjes en de cd-rom liniatuur op maat aanbieden waarmee u het kind ondersteunt in zijn overige schrijftaken.

8.2.2 De rechterpagina

Van de motorplanning komt in groep 5 alleen nog de programmering ritme en maat aan bod (van langzaam naar snel schrijven: van slak naar haas). De kinderen schrijven de eerste zin op de rechterpagina zo rustig en zo mooi mogelijk over. Op de tweede regel schrijven ze de zin zo snel maar ook zo mooi mogelijk over. Daarna beoordelen ze hun schrijfproduct door een cirkel om het haasje te zetten dat het tempo aangeeft waarin ze

de zin op de tweede regel hebben overgeschreven (snel-sneller-snelst). U deelt dit feedbackmoment; ook aan een ander kind uit de groep vertelt het kind waarom het voor dit haasje heeft gekozen. Ook kunnen de kinderen vooraf aangeven in welk tempo ze de tweede regel willen schrijven.

Daarna volgt een creatief schrijfmoment waarin de kinderen hun eigen verhaal maken.

Dit kan ook in groepjes. Het is leuk om de schriftjes achteraf te wisselen om de kinderen elkaars teksten te laten lezen. Maar let daarbij op: kinderen mogen nooit in elkaars schriften schrijven.

Tot slot volgt het bewegingstussendoortje en besteedt u aandacht aan de kijkpunten in de zithouding. Als u merkt dat de kinderen er behoefte aan hebben het bewegingstussendoortje op een eerder moment te doen, dan geeft u daar natuurlijk gehoor aan. Ook bepaalt u zelf de frequentie van het bewegingstussendoortje. Voor de kijkpunten zijn er twee opties.
1 U zegt vooraf op welke kijkpunten de kinderen gaan letten.
2 Na afloop van de oefeningen kleurt het kind zelfstandig de kijkpunten in, waarbij geldt:
   – groen betekent: het lukt heel goed;
   – geel betekent: het lukt nog niet helemaal;
   – rood betekent: het lukt nog niet goed.

Door video-opnames te maken van de kinderen terwijl ze aan het schrijven zijn, kunt u de zithouding heel effectief met elk kind bespreken. Laat de opname aan het kind zien en vraag of het zo gemakkelijk zit en het schrijven lang kan volhouden. U koppelt zo de zithouding aan gezond gedrag.

8.2.3 De toetsbladen

In elk schrift zitten twee toetsbladen van elk twee pagina's. Ze heten 'Op tempo'. De toetsmomenten bestaan uit het op tempo schrijven van een tekst (binnen drie minuten). De instructies staan onder aan de linkerpagina van het toetsblad. In het leerlingvolgsysteem kunt u opzoeken of de score conform de leeftijdsnorm is.

De rechterpagina van het toetsblad is bedoeld voor evaluatie: door het kind zelf en door anderen, namelijk u als leerkracht en een ander kind uit de groep. Naast de leesbaarheid en het tempo wordt ook de zithouding geëvalueerd. Dit blad creëert een overlegmoment met het kind en een rapportagemoment met de ouders/verzorgers.

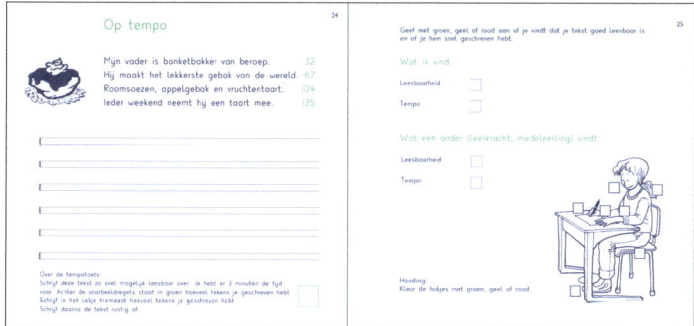

8.3   Blanco lijnenschrift 5

Het Blanco lijnenschrift 5 kan gebruikt worden in de overige lessen. U kunt ook voor andere schriftjes kiezen als u merkt dat het kind meer steun nodig heeft. De liniatuur in Blanco lijnenschrift 5 is kleiner dan die in Blanco lijnenschrift 4. Na Blanco lijnenschrift 5 volgen geen andere lijnenschriften.

9 Schrijven in groep 6

9.1 Leerdoelen en leermiddelen

9.1.1 Leerdoelen

Voortgezet en creatief schrijven:
- kritisch beoordelen van het eigen handschrift en dat van anderen;
- automatiseren van het schrift;
- kennismaken met temposchrijven;
- schrijven van lange woorden.

9.1.2 Leermiddelen

- Handleiding Schrijven leer je zo!
- Cd-rom Schrijven leer je zo!
- Cd-rom leerlingvolgsysteem SLJZ!
- Zo schrijf ik! Portfolioschrift SLJZ!t

- Schrijfschrift 6A
- Schrijfschrift 6B

9.2 Schrijfschriften 6A en 6B

De aangeboden lesstof voor groep 6 is net als voor groep 5 vormgegeven in twee schrijfschriften. De opzet voor groep 5 en die voor groep 6 is dezelfde. In thema's wordt het overschrijven van betekenisvolle taal aangeboden. Ook de thema's voor groep 6 zijn op basis van een inventarisatie bij leeftijdsgenootjes tot stand gekomen. Beide schriften sluiten af met een zelf in te vullen thema.

In de thema's is geen volgorde aangebracht. Wel wordt eerst Schrijfschrift 6A gebruikt en daarna Schrijfschrift 6B. Voor de keuze voor een thema zijn er de volgende opties.
- Elk kind kiest zelf het thema waaraan het wil werken.
- U gaat in overleg met de kinderen en komt samen tot de keuze voor een thema waaraan de kinderen samen gaan werken.
- De kinderen kiezen in kleine groepjes voor een thema. Het leuke van deze optie is dat de kinderen uit elk groepje de teksten aan elkaar kunnen voorlezen die ze in het creatieve schrijfmoment (laatste opdracht van het thema) hebben gemaakt.
- U start met het eerste thema en eindigt met het laatste thema. Deze optie komt niet tegemoet aan de differentiatiemogelijkheden van *Schrijven leer je zo!*.

9.2.1 De linkerpagina

Elk thema in het schrijfschrift wordt over twee pagina's aangeboden. Op interactieve wijze introduceert u het thema aan de hand van de illustratie (linksboven) bij het thema. De kinderen gaan vervolgens de zinnen van het thema overschrijven. Er worden geen verkeerslichtletters aangeboden of groene stipjes voor het begin van de letter. De liniatuur wordt voor het overschrijven als volgt aangeboden:
1 kleurenraster met vier lijntjes;
2 vier lijntjes zonder kleurenraster;
3 twee lijntjes;
4 één lijntje;
5 zonder lijntjes (in de groene balk).

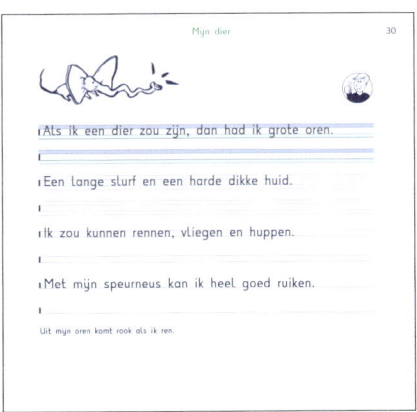

De afbouw in liniatuur en daarmee de opbouw in moeilijkheidsgraad biedt u een diagnostisch moment: u ziet per kind de vorderingen in het schrijfproces, te weten de verhouding in hoogte tussen rompletters enerzijds en stok- en staartletters anderzijds, en de spatiëring. Aan de hand van de vorderingen in dit schrijfproces en daarmee het gemak dat of de moeite die het kind heeft met een bepaalde liniatuur, kunt u via de lijnenschriftjes en de cd-rom liniatuur op maat aanbieden waarmee u het kind ondersteunt in zijn overige schrijftaken.

9.2.2 De rechterpagina

Van de motorplanning komt in groep 6 alleen nog de programmering ritme en maat aan bod (van langzaam naar snel schrijven: van slak naar haas). De kinderen schrijven de eerste zin op de rechterpagina zo rustig en zo mooi mogelijk over. Op de tweede regel schrijven ze de zin zo snel maar ook zo mooi mogelijk over. Daarna beoordelen ze hun schrijfproduct door een cirkel om het haasje te zetten dat het tempo aangeeft waarin ze de zin op de tweede regel hebben overgeschreven (snel-sneller-snelst). U deelt dit feedbackmoment; ook aan een ander kind uit de groep vertelt het kind waarom het voor dit haasje heeft gekozen. Ook kunnen de kinderen vooraf aangeven in welk tempo ze de tweede regel willen schrijven.

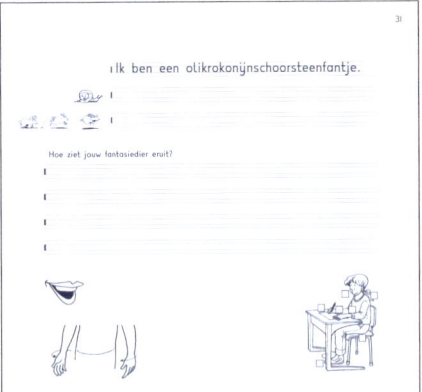

Daarna volgt een creatief schrijfmoment waarin de kinderen hun eigen verhaal maken. Dit kan ook in groepjes. Het is leuk om de schriftjes achteraf te wisselen om de kinderen elkaars teksten te laten lezen. Maar let daarbij op: kinderen mogen nooit in elkaars schriften schrijven.

Tot slot volgt het bewegingstussendoortje en besteedt u aandacht aan de kijkpunten in de zithouding. Als u merkt dat de kinderen er behoefte aan hebben het bewegingstussendoortje op een eerder moment te doen, dan geeft u daar natuurlijk gehoor aan. Ook bepaalt u zelf de frequentie van het bewegingstussendoortje. Voor de kijkpunten zijn er twee opties.
1 U zegt vooraf op welke kijkpunten de kinderen gaan letten.
2 Na afloop van de oefeningen kleurt het kind zelfstandig de kijkpunten in, waarbij geldt:
– groen betekent: het lukt heel goed;
– geel betekent: het lukt nog niet helemaal;
– rood betekent: het lukt nog niet goed.

Door video-opnames te maken van de kinderen terwijl ze aan het schrijven zijn, kunt u de zithouding heel effectief met elk kind bespreken. Laat de opname aan het kind zien en vraag of het zo gemakkelijk zit en het schrijven lang kan volhouden. U koppelt zo de zithouding aan gezond gedrag.

9.2.3 De toetsbladen

In elk schrift zitten twee toetsbladen van elk twee pagina's. De toetsmomenten bestaan uit het op tempo schrijven van een tekst (binnen drie minuten). De instructies staan onder aan de linkerpagina van het toetsblad. In het leerlingvolgsysteem kunt u opzoeken of de score conform de leeftijdsnorm is.

De rechterpagina van het toetsblad is bedoeld voor evaluatie: door het kind zelf en door anderen, namelijk u als leerkracht en een ander kind uit de groep. Naast de leesbaarheid en het tempo wordt ook de zithouding geëvalueerd. Dit blad creëert een overlegmoment met het kind en een rapportagemoment met de ouders/verzorgers.

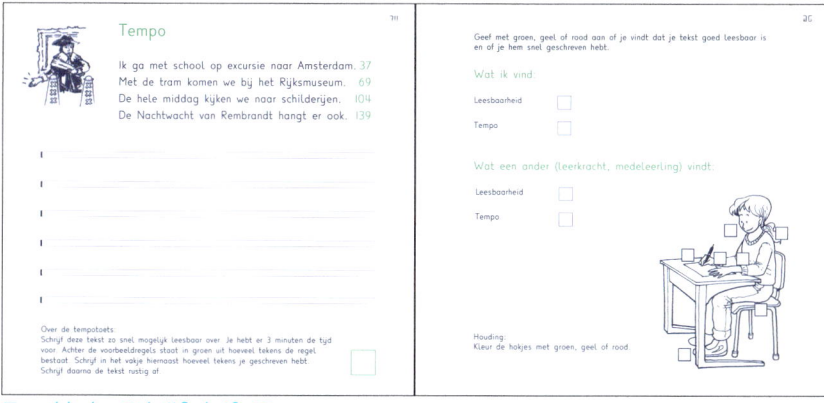

Toetsbladen Schrijfschrift 6B

10 Groep 7 en groep 8

10.1 Leerdoelen en leermiddelen

10.1.1 Leerdoelen

Voortgezet en creatief schrijven:
- kritisch beoordelen van het eigen handschrift en dat van anderen;
- automatiseren van het schrift;
- schrijven op tempo;
- schrijven van lange woorden (groep 7 en groep 8) en zinnen (groep 8).

10.1.2 Leermiddelen

- Handleiding Schrijven leer je zo!
- Cd-rom Schrijven leer je zo!
- Cd-rom leerlingvolgsysteem SLJZ!
- Zo schrijf ik! Portfolioschrift SLJZ!

- Schrijfmix 7 en 8

10.2 Persoonlijke ontwikkeling

Vaak staat in de bovenbouw het vak schrijven niet meer op het rooster. De aandacht voor netjes schrijven is minder dan in de onder- en de middenbouw. Het handschrift moet vooral goed onderhouden worden, is het leerdoel, en het moet functioneel kunnen worden toegepast. Daarnaast staat het ontwikkelen van een persoonlijk handschrift centraal. Op basis van hun persoonlijke ontwikkeling komen de kinderen tot een handschrift dat bij hen past.

Dit betekent dat het aangeleerde blokschrift op initiatief van de kinderen zelf losgelaten kan en mag worden, en dat ze spontaan zoeken naar een handschrift dat voldoende snelheid en leesbaarheid oplevert en dus praktisch van opzet is. Het uitgangspunt is behoud van de kwaliteit van het handschrift in combinatie met een optimale schrijfsnelheid. Daarvoor blijft zelfreflectie van groot belang.

Veel kinderen in groep 7 en groep 8 voelen zich onvoldoende uitgedaagd wanneer ze samen in schriftjes teksten moeten overschrijven die bovendien vaak onvoldoende aansluiten bij hun belevingswereld. Reden te meer om een manier te bedenken die de kinderen blijvend uitdaagt en die afgestemd is op hun taalontwikkeling. Juist in de bovenbouw bestaat er de unieke gelegenheid om taal en schrijven geïntegreerd aan te bieden. *Schrijven leer je zo!* biedt die mogelijkheid in de vorm van Schrijfmix 7 en 8.

10.3 Schrijfmix 7 en 8

Het lesaanbod in groep 7 en 8 bestaat uit Schrijfmix 7 en 8, een map waarmee kinderen vooral zelfstandig kunnen werken. In de titel suggereert het woord 'mix' een willekeurige keuze. De map bevat namelijk zestig veelzijdige opdrachten op het gebied van voortgezet schrijven.
Het schrijven is in deze opdrachten vooral speels, gevarieerd en creatief. Belangrijk is de aandacht voor de taalcommunicatieve aspecten van het schrijven; creatief schrijven is de rode draad. De kinderen gebruiken verschillende tekstsoorten en nieuwe materialen.

10.3.1 Betekenisvol en uitdagend

Met Schrijfmix 7 en 8 ontwikkelen kinderen niet alleen hun technische vaardigheid in het schrijven, maar ook vaardigheden voor hun verdere taalontwikkeling. De opdrachten zijn zo samengesteld dat de kinderen ze zelfstandig, in tweetallen en klassikaal kunnen uitvoeren aan de hand van schrijfcriteria en aandachtspunten. Een belangrijk uitgangspunt van Schrijfmix 7 en 8 is kiezen. De kinderen kiezen zelfstandig voor onderwerpen die in hun belevingswereld passen.
De opdrachten staan op kaarten, hoeven zeker niet allemaal gedaan te worden en kunnen in een volkomen willekeurige volgorde worden uitgevoerd. Het gaat erom dat de kinderen de opdrachten met plezier maken. Daarom zijn de opdrachten betekenisvol en uitdagend. Ze bieden ook voldoende aanknopingspunten voor verdere verwerking, zoals een project op basis van het gekozen onderwerp.

In de schrijfopdrachten gebruiken de kinderen diverse materialen. Zo schrijven ze met een pen, een potlood, een vulpen, een fijnschrijver, een brede pen en een markeerstift. Door de verschillende materialen en het toepassen van verschillende lettertypen wordt de kleine motoriek optimaal gestimuleerd.

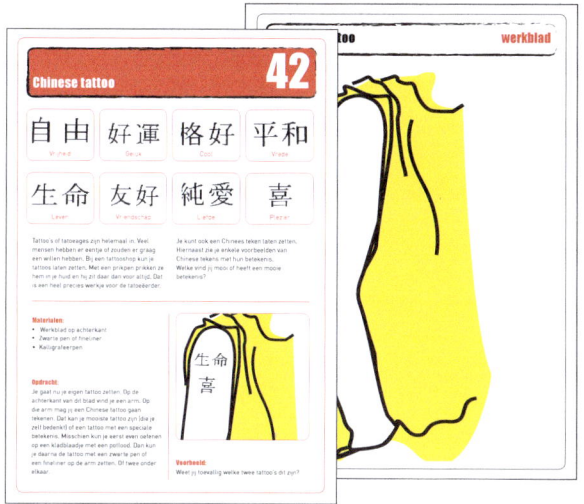
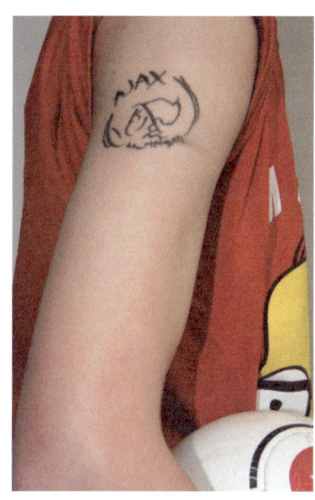

10.3.2 Gebruik in de klas

Schrijfmix werkt met zelfstandige werkopdrachten die u kunt combineren met andere vakken. De kinderen kunnen samen een schrijfkaart uitzoeken, de kaart maken, het werk van elkaar nakijken (soms zijn schrijfcriteria aangegeven) en elkaar positieve feedback geven. De instructies staan op elke kaart aangegeven.

11 Schrijven met behulp van de computer

11.1 Cd-rom

Het gebruik van de computer bij het ontstaan van het bewegingsverloop is uiterst functioneel: het kind kiest zijn letterprogramma en kan op elk gewenst moment letters laten ontstaan. De cd-rom Schrijven leer je zo! is bedoeld ter ondersteuning van het zelfstandig leren schrijven van kleine letters, hoofdletters en cijfers. De cd-rom maakt gebruik van een programma waarmee het kind zelfstandig de schrijfbeweging kan oefenen. Het kind kan op (eigen) verzoek een dynamische beweging van een letter op het beeldscherm van de computer laten ontstaan. Het kind kan de grootte van de letter en het tempo waarin deze ontstaat zelf regelen, evenals de verbale ondersteuning. Na of tijdens de presentatie van de letter kan het kind met zijn vinger op het beeldscherm het bewegingsverloop volgen.

U kunt zelf werkbladen maken met differentiatie in liniatuur, en de bewegings-tussendoortjes zijn als filmpjes te zien op de cd-rom. Dankzij het programma kunt u het schrijfonderwijs in uw groep volledig individualiseren en, indien gewenst, adequaat laten aansluiten op de leesmethode. De aanpak in het programma sluit naadloos aan op de schrijfschriften *(Schrijven leer je zo!)* en werkbladen *(Schrijven leer je zo! Plus)*.

Computerprogramma Schrijven leer je zo!

11.2 De mogelijkheden van het programma kort samengevat

- U kunt het schrijven van de letters en cijfers met animaties laten voordoen op het scherm. Het kind hoort de klank, gekoppeld aan een begrip. Bijvoorbeeld de b van boot.
- De aanpak is interactief. Het computerprogramma corrigeert en bevestigt.
- Het materiaal is bij uitstek geschikt voor het digitale schoolbord en/of touchscreen-applicaties.
- Een evidence based toets voor het bepalen van de schrijfrijpheid van het kind.
- U kunt ook eigen teksten invoeren en deze op vier soorten werkbladen afdrukken.
- U kunt zelf woordkaartjes maken met woorden uit de leesmethode en deze printen.
- Met het letterspel oefent het kind op een speelse manier de letterherkenning. Het

eindresultaat wordt op het scherm getoond. U kunt zien welke letters het kind nog niet zo goed herkent.
- De bewegingstussendoortjes waarmee tijdens het schrijven even een moment van ontspanning wordt ingebracht en aanwijzingen voor een goede zithouding zijn opgenomen. Voor gebruik voor de groepen 1 tot en met 8.
- De cd-rom is verkrijgbaar op basis van een licentie.
- U kunt het lettertype van *Schrijven leer je zo!* importeren in uw tekstverwerker. U kunt op die manier de woorden uit de leesmethode afdrukken in het blokschrift van de schrijfmethode.

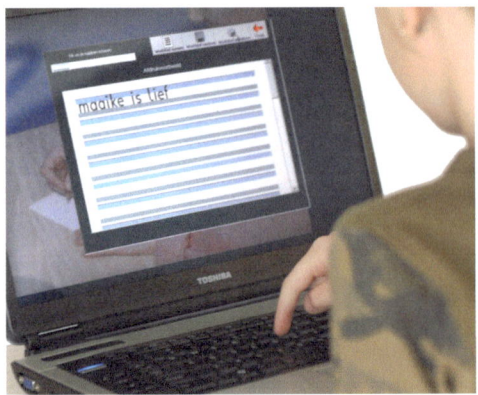
Zelf teksten invoeren

11.3 Schrijfvoorbeelden

Het programma gaat uit van schrijfvoorbeelden. Het schrijven van de letters en cijfers wordt voorgedaan op het scherm. Tegelijkertijd hoort het kind de klank. Deze klank wordt gekoppeld aan een begrip. Het kind klikt bijvoorbeeld op de e van emmer. Het plaatje van de emmer en de letter worden dan direct zichtbaar.

Na het tonen van een letter vraagt het programma het kind te klikken op de plaats waar het met het schrijven van deze letter moet beginnen. Het kind klikt vervolgens op de groene pijl. Nu kan het de letter opnieuw zien ontstaan.

Om de lettervorm langzamer of sneller te tonen kan het tempo in het voorbeeld worden aangepast. Onderzoek heeft aangetoond dat dit voor kinderen erg belangrijk is. Het kind kan het tempo zelf instellen met de knop van de haas en die van de slak. In dit scherm kan een werkblad worden afgedrukt waarmee het kind de letters kan gaan oefenen (het schrijfspel). Daarbij wordt dezelfde aanpak gehanteerd als in de mappen en schriften van de methode: afwisselend schrijft het kind de lettervorm van groot naar klein, van dik naar dun en van snel naar langzaam.

> *Kevin, een jongetje met het syndroom van Down, werkt al geruime tijd met de cd-rom en laat duidelijk blijken de animaties van de letters prachtig te vinden. De e van emmer, wordt er gezegd, het plaatje en de letter verschijnen en zijn ogen beginnen te glimmen. In de groep waarin Kevin zit, wordt klassikaal bij de leesmethode De leeslijn de e van rek geïntroduceerd aan de hand van een afbeelding van een ijzeren rek. Juf doet alle moeite om Kevin ervan te overtuigen dat de e vooral de e van rek is. Zij slaagt er uiteindelijk niet in. Voor Kevin blijft het de e van emmer. Het is duidelijk dat de animatie op de computer zijn werk heeft gedaan!*

11.4 Werkbladen en vrije teksten

Het kind kan eigen teksten invoeren en deze als voorbeeld afdrukken. Daarbij kunt u kiezen uit vier typen liniatuur waarmee het kind zelfstandig aan de slag kan. Het kind kan, opeenvolgend in moeilijkheidsgraad, het geprinte voorbeeld:
- naschrijven binnen een kleurenraster;
- naschrijven binnen vier lijnen;
- naschrijven tussen twee lijnen;
- naschrijven op een lijn;
- vrij naschrijven zonder steunlijnen.

11.5 De letters ij en Y

De lettercombinatie ij en Y vindt u niet op het toetsenbord. U kunt ze apart selecteren in uw tekstprogramma. Dit doet u als volgt.
- Zet met de toets Num Lock het numerieke toetsenbord aan.
- Druk voor de 'ij' op Alt en tik tegelijkertijd 0165 in op het numerieke blok van het toetsenbord.
- Voor de hoofdletter Y tikt u de combinatie Alt en 0193 in.

11.6 Afdrukken van aangepaste woordkaartjes

Veel leerkrachten willen zelf woordkaartjes kunnen afdrukken met de woorden uit de leesmethode in het lettertype van *Schrijven leer je zo!*. De cd-rom biedt daartoe de mogelijkheid: u kunt de afgebeelde woorden zelf veranderen en daarna in kleur of zwart-wit afdrukken zodat de woordkaartjes aansluiten bij de gebruikte leesmethode.
Ook kunt u de woordkaartjes in een document opslaan. In de praktijk blijkt dat eenmaal gemaakte woordkaartjes weer opnieuw gebruikt worden.

11.7 Het letterspel

Met het letterspel kan het kind de letterherkenning oefenen. In dit spel worden de letters in alfabetische volgorde uitgesproken. Het kind kiest daarop de juiste letter uit drie voorbeelden. Op een speelse manier leert het zo letters aan hun klanken te koppelen en te herkennen. Als alle letters aan de beurt zijn geweest, komt er een plaatje in beeld. Aan het einde van het spel wordt het eindresultaat op het scherm getoond: u kunt nu zien welke letters het kind nog niet zo goed herkent.

11.8 Bewegingstussendoortjes

Met de bewegingstussendoortjes kan tijdens het schrijven even een moment van ontspanning worden ingebracht. Bovendien wordt eventuele schrijfkramp voorkomen of opgeheven.

Het advies is deze bewegingstussendoortjes ook te gebruiken bij andere vakken waarbij de kinderen schrijven.

11.9 De schrijfhouding

De schrijfhouding is een continu punt van aandacht. De aandachtspunten bij de observatie van de schrijfhouding worden aangegeven in de handleiding en overal in de methode zelf. Ze staan bijvoorbeeld ook in de schrijfschriftjes van de kinderen. Op de cd-rom vindt u ze uiteraard ook. Klik op de knoppen bij de afbeelding en u krijgt een kort filmpje te zien met aanwijzingen voor een goede schrijfhouding.

11.10 Het lettertype in andere programma's gebruiken

Het programma biedt ook de mogelijkheid het blokschriftlettertype in de tekstverwerker te gebruiken. Zo kunt u woorden uit uw leesmethode afdrukken in het blokschrift van deze schrijfmethode. Na de installatie van het programma maakt u het lettertype 'schrijvenleerjezo' op de volgende wijze beschikbaar voor andere programma's:
- Installeer het lettertype 'schrijvenleerjezo'.
- Test het lettertype.
- Open de tekstverwerker.
- Kies het lettertype 'schrijvenleerjezo'.
- Voer een stukje tekst in en druk het af.

12 Tips

De bewegingsrichting verloopt niet goed

Signaleert u letters die nog niet lukken, check dan nog even de juiste schrijfwijze. Voor dit probleem is de cd-rom een uitkomst. Het kind ziet de letter met de juiste schrijfwijze op het scherm verschijnen.

Houding en schrijfbeweging

Steeds meer kinderen hebben problemen met hun zit- en schrijfhouding. Veel kinderen tussen de zes en negen jaar zijn niet in staat lange tijd rustig achter elkaar aan een tafel te schrijven. De houding- en de rompstabiliteit zijn vaak nog van een onvoldoende niveau om rustig en ontspannen te kunnen werken. Veel kinderen zitten dan nog in de symmetrische fase: er is sprake van veel meebewegen, wat een ontspannen en uitgebalanceerde zit- en schrijfhouding belemmert. De steunhand is vaak niet stil en ondersteunt onvoldoende. De voeten bewegen mee, wat leidt tot een onstabiele zithouding en bewegingsonrust.

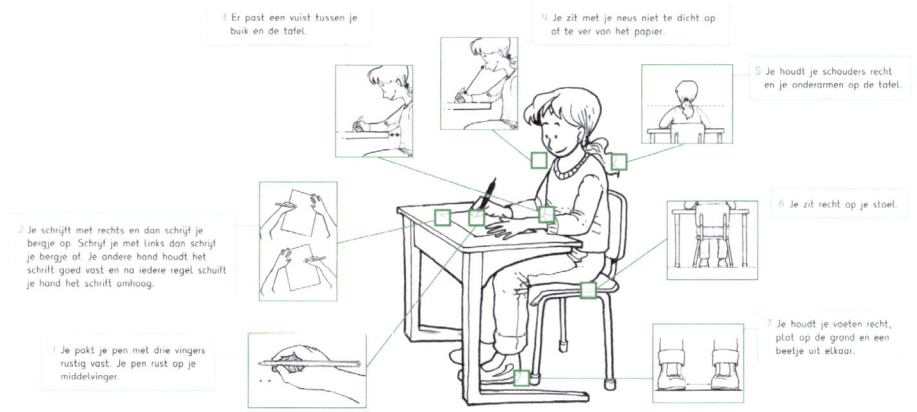

Van kinderen vanaf negen jaar mag men een stabiele rompbalans verwachten en een gecontroleerde houding. Toch is het van groot belang dat u vanaf groep 3 tot en met groep 8 consequent aandacht blijft besteden aan het aanleren en begeleiden van een goede zithouding en schrijfbeweging. De kinderen zijn dan het goed zitten op een stoel en het werken aan een tafel nog aan het oefenen. Met behulp van de kijkpunten voor de zit- en schrijfhouding leert het kind aan de hand van steun- en oriëntatiepunten de juiste schrijfhouding ervaren. Elke stap is gekoppeld aan een motorische oefening die in direct verband staat met het aandachtspunt in de zithouding. Zo is de motorische oefening 'wiebelzitten' gekoppeld aan het aandachtspunt 'zithouding' en de oefening 'potloodklimmen' aan het aandachtspunt 'aanleren van een juiste pengreep'.

Dit onderdeel lukt

Pengreep

Veel kinderen schrijven krampachtig, ongeacht hun leeftijd. Voor het ontwikkelen van een ontspannen handschrift is het een vereiste dat de pengreep voldoende dynamisch is en een vlot geschreven handschrift niet in de weg staat.

Als leerkracht kunt u snel constateren of een kind over de juiste pengreep beschikt. In het leerlingvolgsysteem wordt de pengreep apart genoemd en worden tips en adviezen aangeboden voor verbetering en begeleiding met behulp van materialen, zoals grippers. Is er echter sprake van een wat afwijkende pengreep die het ontspannen schrijfverloop niet verstoort, dan wordt u aangeraden niet direct in te grijpen maar goed te blijven opletten wanneer dit gebeurt.

Vorm

In *Schrijven leer je zo!* wordt het blokschrift aangeleerd. De letters zijn op het eerste gezicht wat hoekig van karakter. De e is hiervan het beste bewijs. Wanneer kinderen de e aanleren, betekent dit niet dat ze de e precies moeten kopiëren. Dit is namelijk een onmogelijke opgave en mag daarom ook niet van hen worden verwacht. De praktijk leert dat ieder kind zijn eigen invulling aan de letter geeft en dat er, zoals bij de e, in een rondere vorm wordt geschreven.

Hellende 'e'

Schriftanalyse

Voor het analyseren van het handschrift bestaan enkele aandachtsgebieden: lettergrootte en verhouding, vorm en spatiëring.

Lettergrootte en verhouding

Het op een juiste wijze toepassen van de grootte en hoogte van de letters is uitermate belangrijk voor de leesbaarheid van het handschrift. Bij het verbonden schrift worden de lussen al snel groter dan de rompletters. Bij het blokschrift is dit niet het geval. De stokken (onder en boven) zijn veel korter dan de lussen en komen niet natuurlijk tot stand. Dit betekent dat u de kinderen er goed op moet blijven wijzen dat de verschillen tussen romp- en stokletters duidelijk moeten zijn omdat alle letters anders op elkaar gaan lijken.

Als remedial teacher begeleidde ik op een basisschool twee jongens met forse schrijfproblemen. Het verbonden schrift was voor deze jongens een brug te ver en uiteindelijk was besloten hun het blokschrift aan te leren. Ze hadden het schrijven in blokschrift goed aangeleerd en school en de ouders bleken na twee jaar werken in blokschrift erg tevreden. De uitvoering was nog wel eens gekunsteld, maar ze schreven leesbaar.
De leerkracht belde me op het moment dat ze zich grote zorgen begon te maken omdat het handschrift in haar ogen verslechterde. Na een blik in hun taalschrift zag ik dat ze op één lijn moesten schrijven en dat de letters allemaal even hoog waren. Het was inderdaad slecht leesbaar. Daarom vroeg ik of ik ook in hun schrift van Schrijven leer je zo! mocht kijken. Ik zag dat ze beiden heel netjes tussen kleurenrasters en vier lijntjes konden schrijven, maar dat het schrijven op één lijn nog te moeilijk was. Vanaf dat moment bleven de jongens tussen vier lijntjes schrijven en werd het handschrift weer leesbaar en waren de problemen opgelost.

Uit dit voorbeeld blijkt dat er kinderen met schrijfproblemen blijven die de steun van de hulplijntjes nog nodig hebben. Deze kinderen kunnen in de hogere groepen de Blanco lijnenschriften 3, 4 en 5 nog gebruiken. Of natuurlijk Blanco rasterschrift 3; de rasters bieden een goede didactische steun om de letters en woorden in de juiste grootte en hoogte te leren schrijven.

Spatiëring

Wanneer kinderen in blokschrift leren schrijven, blijkt de spatiëring tussen de woorden vooral bij kinderen met schrijfproblemen een probleem te zijn. Normaal gesproken worden woorden van elkaar gescheiden door een spatie. Gebeurt dit niet, dan ontstaat er een brij van letters. Uiteindelijk wordt de tekst hierdoor minder leesbaar, zo niet onleesbaar.
Spatiëring is eenvoudig aan te leren. De instructie van de leerkracht blijft daarbij erg belangrijk. Wanneer u op het bord goed aangeeft waar de spaties moeten staan, dan is er al veel opgelost. Het is handig om op het bord tussen de woorden een stip te zetten en ook aan de kinderen te vragen na het schrijven van een woord een heel licht stipje te zetten. Soms helpt het ook om er even een vinger tussen te houden en dan verder te gaan.

Op de cd-rom kunt u een voorbeeldregel met stipjes of streepjes ertussen maken die de kinderen moeten overschrijven. Zo leren ze vrij eenvoudig een juiste spatiëring aan te houden en de leesbaarheid van het schrift te vergroten.

Letters verbinden

Wanneer kinderen in blokschrift leren schrijven, wordt hun geleerd de letters afzonderlijk te schrijven. In de praktijk blijkt dat kinderen de letters op een natuurlijke manier gaan verbinden wanneer ze met meer snelheid en efficiënter gaan schrijven. Ze tillen dan de pen of het potlood niet meer op.

Leren schrijven in het blokschrift leidt automatisch tot een verbonden schrift. Het blokschrift impliceert namelijk schijnverbindingen. In de beweging zit de verbinding al opgesloten, alleen is deze niet zichtbaar op papier. De twee letters ee lenen zich hier bijvoorbeeld uitstekend voor. Dat het kind de letters gaat verbinden, is zeer verklaarbaar en moet u niet afraden. Het ontwikkelen van een eigen handschrift staat centraal en uiteindelijk kiest ieder kind daarin zijn eigen werkwijze. Bij alle gebruikers van *Schrijven leer je zo!* zien we deze ontwikkeling.

Verbonden schrift niet kunnen lezen

Een vaak gehoorde opmerking is dat kinderen die leren schrijven met *Schrijven leer je zo!* moeite hebben het verbonden schrift te ontcijferen. Soms staat er in de teksten van een taalmethode verbonden schrift. De kinderen hebben dit niet leren schrijven en hebben dan ook terecht moeite het schrift te ontcijferen.

Dit probleem is goed op te lossen. Wanneer u een aantal keren een lesje 'Geheimschrift' aanbiedt, waarbij de kinderen een verbonden tekst moeten ontcijferen, gaan ze al snel het verbonden schrift herkennen. Ze vinden dat ook erg leuk om te doen. Ook vinden ze het leuk om in een opdracht net zo te leren schrijven als opa en oma. Algauw blijkt dat ze zonder instructie verbonden kunnen schrijven. Op deze manier ziet u snel welke kinderen nog wat extra hulp kunnen gebruiken.

13 Bewegingstussendoortjes

Potloodklimmen

Armen omhoog

Duimen draaien

Zwaaien

Ruitenwisser

Draai om

Bidden

Klap voor, klap achter

Pols los

Vingertik

Verkeersagent

Wiebelzit

Heen en weer

Schoudertik

14 Bronnen en literatuur

Literatuur

- Admundson, S.J., (1992). Handwriting: evaluation and intervention in school settings. In: Case-Smith, J. & Pehorski, C., editors. *Developmental of Hand Skills in the Child*. Rockville, MD: American Occupational Therapy Association, p. 63-78.
- Admundson, S.J. & M. Weil, (1996). Prewriting and handwriting skills. In: Case-Smith, J., Allen, A.S. & Pratt, P.N. editors. *Occupational Therapy for children*.St. Louis, MO: Mosby-Year Book, p. 524-541.
- Aglioti, M., Cesari, P., Romani, M., & C. Urgesi, (2008), Action anticipation and motor resonance in elite basketball players. *Nature Neuroscience, volume 11, number 9*, p. 1109-1116.
- Benbow, M. (1995). Principles and practices of teaching handwriting. In: Handerson, A. & Pehoski, C, editors. *Hand Function in the Child: Foundations for Remediation*. St. Louis, MO: Mosby-Year Book, p. 19-36.
- Berninger, V.W. & F. Fuller, (1992). Gender differences in orthographic, verbal and compositional fluency: implications for assessing writing disabilities in primary grade children. J School Psychol, 30, p. 363-382.
- Berninger, V.W., Vaughan, K.B., Abbott, R.D. Abbott, S., Rogan, L., Brooks, A. & E. Reed, (1997). Treatment of handwriting problems in beginning writers: transfer from handwriting to composition. *J Educ Psychol, 89*, p. 652-666.
- Bommel-Rytgers, I. van & B.C.M. Smits-Engelsman, (2005). Is de SOSr een valide meetinstrument om motorische schrijfproblemen op te sporen?, *Stimulus,24*, p. 499-516.
- Case-Smith, J., (2002). Effectiveness of school-based occupational therapy intervention on handwriting. *Am J Occupl Ther, 56*, p. 17-25.
- Cermak, S.A., (1991). Fine motor functions and handwriting. In: Fisher, A.G., Murray, E.A. & Bundy, A., editors. *Sensory Integration: Theory and Practice*. Philadelphia, PA: FA Davis, p. 166-170.
- Cornhill, H. & J. Case-Smith, (1996). Factors that relate to good and poor handwriting. *Am J Occup Ther, 50*, p. 732-739.
- Corstens-Mignot, M., Cup E. , e.a., (2000). *Theorie en praktijk*. Utrecht, Lemma.
- Dewey, D.M., & B.J. Kaplan, (1994). Suptyping of developmental motor deficits. *Developmental neuropsychology, 10*, p. 265-284.
- Dewey, D.M., Kaplan, B.J., Crawford, S.G., & N. Wilson, (2002). Developmental coordination disorder: Associated problems in attention, learning and psychosocial adjustment. *Human movement science, 21*, p. 905-918.
- Driessen, M., (2008). *De invloed van motorische vaardigheden op leerprestaties*. Nijmegen: Radboud Universiteit.

- Eck, J.M. van. Problemen met leren schrijven. Geraadpleegd op 05-10-2008 van http://www.cesar-therapie.nl/kinderen/problemenmetlerenschrijven.shtml.
- Eerd-Smetsers, C. van, (2001) *Schrijven is bewegen*. Thieme, Amsterdam.
- Engen, A. van, e.a., (1994) *Schrijven als oefenvak*. Van Engen BV.
- Engen, A. van, (1995) *Schrijven in de basisschool*. Wolters-Noordhoff, Groningen.
- Feder, K.P., (2007). Handwriting development, competency, and intervention. *Developmental Medicin & Child Neurology, 49*, p. 312-317.
- Gelder, W. van, & H. Stroes, (2002). *Leerlingvolgsysteem bewegen en spelen*. Maarssen, Elsevier.
- Gelder, W. van, & H. Stroes, (2001) *Leerlingvolgsysteem bewegen en spelen*. Elsevier, Maarssen.
- Gils, M. van, (1998) *Pennenstreken*. Zwijsen, Tilburg.
- Goyen, B., (2006). *Literatuuronderzoek naar gebruik van (wetenschappelijk onderbouwde) assessmentinstrumenten ter detectie van schrijfproblemen in het lager onderwijs*. Hasselt, Provinciale Hogeschool Limburg.
- Graham, S., Harris, K.R. & B. Fink, (2000). Is handwriting causally related to learning to write? Treatment of handwriting problems in beginning writers. *J Educ Psychol, 92*, p. 620-633.
- Gregg, N., & N. Mather, (2002). School is fun at recess: Informal analyses of written language for students. *J Learn Disabil, 32*, p. 7-22.
- Hagen, A. van, (1991) *Leerlingen met schrijfproblemen in het primair onderwijs*. Malmberg.
- Hamstra-Blets, L., (1993) *Handleiding bij Beknopte beoordelingsmethode voor kinder handschriften*. Swets & Zeitlinger, Lisse.
- Hammerschmidt, S.L. & P. Sudsawad, (2004). Teachers' survey on problems with handwriting: Referal, evaluation, and outcomes. *Am J Occup Ther, 58*, p. 185-192.
- Hamstra-Bletz, E., De Bie, H. & B.P.I.M. Den Binker, (1987). *Handleiding bij Beknopte beoordelingsmethode voor kinderhandschriften*. Lisse: Swets & Zeitlinger.
- Hamstra-Bletz, L. & A. Blote, (1993). A longitudinal study on dysgraphic handwriting in primary school. *J Learn Disabil, 26*, p. 689-699.
- Jongemans, M.J., Linthorst-Bakker, E., Westenberg, Y. & B.C.M. Smits-Engelsman, (2003). Use of a task-oriented self-instruction method to support children in primary school with poor handwriting quality and speed. *Hum Mov Sci, 22*, p. 549-566.
- Kaplan, B.J., Dewey, D.M., Crawford, S.G. & N. Wilson, (2001). The term comorbidity is questionable value in reference to developmental disorders. *J learn Disabil, 34*, p. 555-565.
- Kooijman, E. & J. Kraaijenbrink, (1998) *ABC schrijf maar mee*. De Brug, Rotterdam.
- Kooijman, E., Juf, (2000) waar moet ik beginnen?, In: *Praxis bulletin*, december.
- Kooijman, E., Mierlo, M. & C. Natzijl, (2006) *Pak je pen*. Esstede.
- Kooreman, H.J., (1976) *Letterstad*. Wolters-Noordhoff, Groningen.
- Leeuwen, E. van, (2008). *De relatie tussen motorische, cognitieve en schoolse vaardigheden*. Nijmegen: Radboud Universiteit.
- Lindeman, M., (1996) *Mijn eigen handschrift*. Educatieve partners Nederland/De Ruiter Houten.
- Lindeman, M., (1996) *Schrijfmotoriek*. Wolters-Noordhoff, Groningen.
- Litière, M., (2002) *Mijn kind leert schrijven en hoe kan ik helpen*. Lannoo.

- Luo, Z., Jose, P.E., Huntsinger, C.S. & T.D. Piggot, (2007). Fine motor skills and mathematics achievement in East Asian American and European American kindergartens and first graders. *The British psychological society, 25,* p. 595-614.
- Mesker, P., (1977) *De menselijke hand.* Dekker & van de Vegt, Nijmegen.
- Netelenbos, J.B., (1998) *Motorische ontwikkeling van kinderen.* Boom, Amsterdam.
- Norden, S. van, (2004) *Taal leren op eigen kracht.* Van Gorcum, Assen.
- Nouws, L., *Van kleuterkrabbel tot schrijftaal.* Zwijsen, Tilburg 1985.
- Peterson, C.Q. & D.L. Nelson, (2003). Effect of an occupational intervention on printing in children with economic disadvantages. *Am J Occup Ther, 57.* p. 152-160.
- PPON (CITO), (1999). Onderzoek naar handschriftkwaliteit basisonderwijs.
- PPON Balans van handschriftkwaliteit in het primair onderwijs, uitkomsten van peilingen in 1999.
- Pijning, H.F. (1978). *Motoriek en leren.* Wolters-Noordhoff, Groningen.
- Peer, D. van., (1984) *Schrijfspoor.* Peer, Tilburg.
- Pollock, N., Lockhart, J., Farhat, L., Jacobson, J., Bradley, J. & S. Brunetti, (2008). *McMaster Handwriting Assessment Protocol.* School of Rehabilitation Science: McMaster University.
- Roberts, G.I. & M.T. Samuels, (1993). Handwriting remediation: a comparison of computer-based and traditional approaches. *J Educ Res, 87,* p. 118-125.
- Sandler, A.D., Watson, T.E., Footo, M., Levine, M.D., Coleman, W.L., Hooper, S.R., (1992). Neurodevelopmental study of writing disorders in middle childhood. *Dev Behav Pediatr, 13,* p. 17-23.
- Schneck, C.M. & A. Henderson, (1990). Descriptive analysis of the developmental progression of grip position for pencil and crayon control in nondysfunctional children. *Am J Occup Ther, 44,* p. 893-900.
- Schneck, C.M., (1991). Comparison of pencil-grip patterns in first graders with good and poor writing skills. *Am J Occup Ther, 45,* p. 701-706.
- Schweitzer, H., (2000). *Schrijven zonder pen.* Bekadidact, Baarn.
- Simons, J. & V. Defourny, (2004). Overeenkomst tussen het oordeel van de leerkrachten en het resultaat op de Beknopte Beoordelingsmethode voor Kinderhandschriften bij Vlaamse kinderen. *Kinderfysiotherapie, juni 2004,* p. 6-13.
- Smits-Engelsman, B., (1991)Motoriek & Schrijven. In: *Nederlands Tijdschrift voor Fysiotherapie* (10).
- Smits-Engelsman, B.C.M., Galen, G.P. van & G.J. Michels, (1995). Beoordeling van het motorische niveau en de schrijfmotoriek van basisschoolleerlingen door leerkrachten. *Tijdschrift voor Onderwijsresearch, 20,* 4, p. 285-299.
- Smits-Engelsman, B.C.M., Vrenken, I., Stevens, M., (1999). *Systematische Opsporing schrijfproblemen (SOS). Een hulpmiddel voor leerkrachten bij het signaleren van motorische schrijfproblemen van leerlingen in het primaire onderwijs.* Hogeschool Brabant, Breda.
- Smits-Engelsman, B.C.M., Niemeijer, A.S. & G.P. Van Galen, (2001). Fine motor deficiencies in children diagnosed as DCD based on poor grapho-motor ability. *Hum Mov Sci, 20,* p. 161-182.
- Spiering, H., (1998). *Letters, pijltjes en geheugen.* In: NRC.
- Stichting MRT in beweging, (2000). *Basiscursusmap Motorische Remedial Teaching.* Heiloo.

- Tseng, M.H. & S.A. Cermak, (1993). The influence of ergonomic factors and perceptual-motor abilities on handwriting performance. *Am J Occup Ther, 47*, p. 919-924.
- Vallaey, M. & G. Vandroemme, (1997). *Psychomotoriek bij kinderen*. Acco, Amersfoort.
- Verhoeven, L., (1994). *Ontluikende geletterdheid*. Swets & Zeitlinger, Lisse.
- Verhoeven, N., (2004). *Wat is onderzoek?* Boom, Den Haag.
- Weil, M.J. & S.J. Admundson, (1994). Relationship between visuomotor and handwriting skills of children in kindergarten. *Am J Occup Ther, 48*, p. 982-988.
- Ziviani, J. & A. Watson-Will, (1998). Writing speed and legibility of 7-14 year-old school students using modern cursive script. *Aust Occop Ther J, 45*, p. 59-64.
- Zwicker, J.G., (2005). *Effectiveness of Occupational Therapy in Remediating Handwriting Difficulties in Primary Students:* Cognitive Versus Multisensory Interventions, University of Victoria.

If you have any concerns about our products,
you can contact us on
ProductSafety@springernature.com

In case Publisher is established outside the EU,
the EU authorized representative is:
**Springer Nature Customer Service Center GmbH
Europaplatz 3, 69115 Heidelberg, Germany**

Printed by Libri Plureos GmbH
in Hamburg, Germany